U0816751

2016

中国渔业统计年鉴

农业部渔业渔政管理局　编制

中 国 农 业 出 版 社

《中国渔业统计年鉴》编辑委员会

主　　任　赵兴武

副 主 任　崔利锋　李书民　刘新中　司徒建通　陈恩友

主　　编　袁晓初　赵文武

副 主 编　高宏泉　朱亚平

编　　者　（以姓氏笔画排序）

万　虎　万　晨　于沛民　王　丹　王　勤　王建新
王素花　孔　彪　邓风华　朱　敏　朱安福　刘　巍
关旭红　毕　朱　李　静　李岩平　杨小蕾　杨育梅
杨春娟　杨俊宝　杨堂保　吴　晨　吴晓清　利红兵
何　银　张收元　张佳楠　张潇月　孟　洪　赵新宇
钱银龙　唐　立　郭　睿　曹　原　崔　巍　鲁　泉
温　冰　雷　霞　廖润雪　薛羽捷

责任编辑　王　莎　张　月

编　者　说　明

一、《中国渔业统计年鉴》以正式出版年份标序。其统计数据起讫日期：渔民家庭收支调查起讫时间为2014年11月1日至2015年10月31日；全国渔业基础设施情况为截至2015年12月31日累计数据；渔业科技统计数据起讫时间为2014年1月1日至2014年12月31日；其他数据起讫时间为2015年1月1日至12月31日。

二、统计数据中，远洋渔业数据按照远洋渔业管理办法进行统计；水产品贸易数据来源于中国海关统计；渔业基础设施、渔政管理、渔业科技数据来源于农业部相关统计资料；技术推广数据来源于全国水产技术推广总站；其余数据来源于31个省、自治区、直辖市渔业主管部门和中国农业发展集团总公司。

三、主要统计指标数据执行2013年度国家统计局批准执行的统计指标体系（国统制〔2013〕115号）。

四、度量衡单位均采用国际统一标准计量单位。涉及水产品产量数字一律采用1996年制订的水产品产量统计新标准统计。

五、部分数据合计数或相对数由于单位取舍不同而产生的计算误差，均未做机械调整。

六、全国统计数据中，均未包括香港特别行政区、澳门特别行政区和台湾省。

七、各表中的“空格”表示该项统计指标数据不足本表最小单位数、数据不详或无该项数据。

八、本年鉴第一部分经济核算中，各地区渔民家庭收支调查数是按照新一轮渔民家庭收支调查工作方案样本户原始调查数据，请在使用时注意。

九、本年鉴数据如有误列，敬请及时指正。

2015年全国渔业统计情况综述

一、全社会渔业经济总产值和增加值

按当年价格计算，全社会渔业经济总产值22 019.94亿元，实现增加值10 203.55亿元。其中，渔业产值11 328.70亿元，实现增加值6 416.36亿元；渔业工业和建筑业产值5 096.38亿元，实现增加值1 848.35亿元；渔业流通和服务业产值5 594.86亿元，实现增加值1 938.84亿元。

渔业产值中，海洋捕捞产值2 003.51亿元，实现增加值1 150.42亿元；海水养殖产值2 937.66亿元，实现增加值1 718.13亿元；淡水捕捞产值434.25亿元，实现增加值257.58亿元；淡水养殖产值5 337.12亿元，实现增加值2 978.95亿元；水产苗种产值616.15亿元，实现增加值311.27亿元（渔业产值、增加值以国家统计局年报数为准）。

二、渔民人均纯收入

据对全国1万户渔民家庭当年收支情况抽样调查，全国渔民人均纯收入15 594.83元，比上年增加1 168.57元、增长8.10%。

三、水产品产量及人均占有量

全国水产品总产量6 699.65万吨，比上年增长3.69%。其中，养殖产量4 937.90万吨，占总产量的73.70%，同比增长3.99%；捕捞产量1 761.75万吨，占总产量的26.30%，同比增长2.84%。全国水产品人均占有量48.74千克（人口137 462万人），比上年增加1.50千克、增长3.18%。

总产量中，海水产品产量3 409.61万吨，占总产量的50.89%，同比增长3.44%；淡水产品产量3 290.04万吨，占总产量的49.11%，同比增长3.94%。

海水养殖：海水养殖产量1 875.63万吨，比上年增加62.98万吨、增长3.47%。其中，鱼类产量130.76万吨，比上年增加11.80万吨、增长9.92%；甲壳类产量143.49万吨，比上年增加0.12万吨、增长0.08%；贝类产量1 358.38万吨，比上年增加41.83万吨、增长3.18%；藻类产量208.92万吨，比上年增加8.46万吨、增长4.22%。海水养殖鱼类中，大黄鱼产量最高，为14.86万吨；鲆鱼产量位居第二，为13.18万吨；鲈鱼产量位居第三，为12.25

万吨。

淡水养殖：淡水养殖产量3 062.27万吨，比上年增加126.51万吨、增长4.31%。其中，鱼类产量2 715.01万吨，比上年增加112.04万吨、增长4.30%；甲壳类产量269.06万吨，比上年增加13.09万吨、增长5.11%；贝类产量26.22万吨，比上年增加1.10万吨、增长4.39%。淡水养殖鱼类产量中，草鱼最高，产量567.62万吨；鲢鱼位居第二，产量435.46万吨；鳙鱼位居第三，产量335.94万吨。甲壳类产量中，虾类产量186.74万吨，其中，南美白对虾和青虾养殖产量分别为73.15万吨和26.51万吨；蟹类（专指河蟹）产量82.33万吨，同比增长3.36%。贝类产量中，河蚌产量9.66万吨。其他类产量中，鳖产量34.16万吨，比上年增加0.03万吨；珍珠产量0.18万吨，比上年减少0.02万吨。

海洋捕捞：海洋捕捞（不含远洋）产量1 314.78万吨，比上年增加33.94万吨、增长2.65%。其中，鱼类产量905.37万吨，比上年增加24.58万吨、增长2.79%；甲壳类产量242.79万吨，比上年增加3.22万吨、增长1.34%；贝类产量55.60万吨，比上年增加0.44万吨、增长0.79%；藻类产量2.58万吨，比上年增加0.15万吨、增长6.22%；头足类产量69.98万吨，比上年增加2.31万吨、增长3.42%。海洋捕捞鱼类产量中，带鱼产量最高，为110.57万吨，占鱼类产量的12.21%；其次为鳀鱼，产量为95.58万吨，占鱼类产量的10.56%。

淡水捕捞：淡水捕捞产量227.77万吨，比上年减少1.77万吨、降低0.77%。其中，鱼类产量168.30万吨，比上年增加0.95万吨、增长0.57%；甲壳类产量31.10万吨，比上年减少1.67万吨、降低5.10%；贝类产量25.41万吨，比上年减少0.92万吨、降低3.50%；藻类366吨，比上年增加110吨、增长42.97%。

远洋渔业：远洋渔业产量219.20万吨，比上年增加16.47万吨、增长8.12%。

四、水产养殖面积

全国水产养殖面积8 465千公顷，比上年增加78.64千公顷、增长0.94%。其中，海水养殖面积2 317.76千公顷，占水产养殖总面积的27.38%，比上年增加12.29千公顷、增长0.53%；淡水养殖面积6 147.24千公顷，占水产养殖总面积的72.62%，比上年增加66.35千公顷、增长1.09%。

海水养殖面积：鱼类养殖面积为84.05千公顷，比上年增加3.46千公顷、增长4.29%；甲壳类养殖面积314.22千公顷，比上年增加8.63千公顷、增长2.83%；贝类养殖面积1 526.64千公顷，比上年减少3.77千公顷、降低

0.25%；藻类养殖面积130.56千公顷，比上年增加5.57千公顷、增长4.46%。

淡水养殖面积：池塘养殖面积2 701.22千公顷，比上年增加39.32千公顷、增长1.48%；水库养殖面积2 012.41千公顷，比上年增加17.59千公顷、增长0.88%；湖泊养殖面积1 022.35千公顷，比上年增加7.02千公顷、增长0.69%；河沟养殖面积277.10千公顷，比上年增加2.14千公顷、增长0.78%；其他养殖面积134.16千公顷，比上年增加0.28千公顷、增长0.21%；稻田养成鱼面积1 501.63千公顷，比上年增加12.13千公顷、增长0.81%。池塘、湖泊、水库、河沟和其他养殖方式面积分别占淡水养殖总面积的43.94%、16.63%、32.74%、4.51%、2.18%。

五、渔船拥有量

年末渔船总数104.25万艘、总吨位1 086.33万吨。其中，机动渔船67.24万艘、总吨位1 040.64万吨、总功率2 256.99万千瓦；非机动渔船37.01万艘、总吨位为45.68万吨。

机动渔船中，生产渔船64.48万艘、总吨位938.62万吨、总功率2 044.84万千瓦。生产渔船中，捕捞渔船43.92万艘、总吨位858.02万吨、总功率1 806.09万千瓦；养殖渔船20.56万艘、总吨位80.60万吨、总功率238.75万千瓦。

机动渔船中，海洋渔业机动渔船27.00万艘、总吨位879.69万吨、总功率1 732.28万千瓦。海洋渔业机动渔船中，海洋捕捞渔船18.72万艘、总吨位757.25万吨、总功率1 441.74万千瓦，分别比上年减少了0.47万艘、增加了27.84万吨和32.98万千瓦。

六、渔业人口和渔业从业人员

渔业人口2 016.96万人，比上年减少18.08万人、降低0.89%。渔业人口中传统渔民为678.46万人，比上年减少7.94万人、降低1.16%。渔业从业人员1 414.85万人，比上年减少14.17万人、降低0.99%。

七、水产品进出口情况

据海关统计，我国水产品进出口总量814.15万吨、进出口总额293.14亿美元，同比分别降低3.59%和5.08%。其中，出口量406.03万吨、出口额203.33亿美元，同比分别降低2.48%和6.29%，出口额占农产品出口总额（706.8亿美元）的28.77%；进口量408.1万吨、进口额89.82亿美元，同比分别下降4.66%和2.22%。贸易顺差113.51亿美元，比上年同期减少11.61亿美元。

八、渔业灾情

全年由于渔业灾情造成水产品产量损失99.91万吨，受灾养殖面积690.81千公顷，沉船3 122艘，死亡、失踪和重伤人数33人，直接经济损失200.16亿元。

2010—2015 年主要统计指标统计图

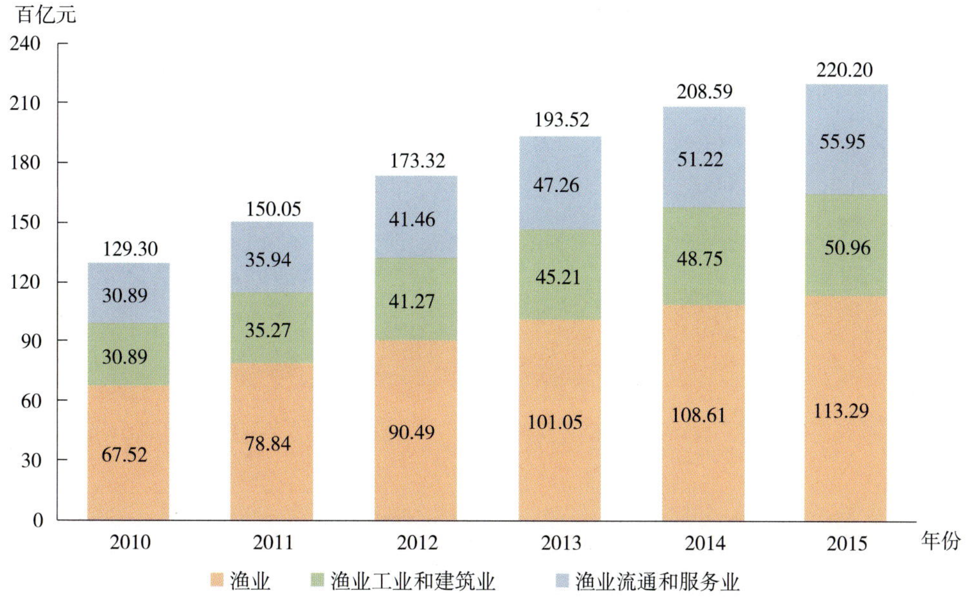

图 1　2010—2015 年全国渔业经济总产值及构成

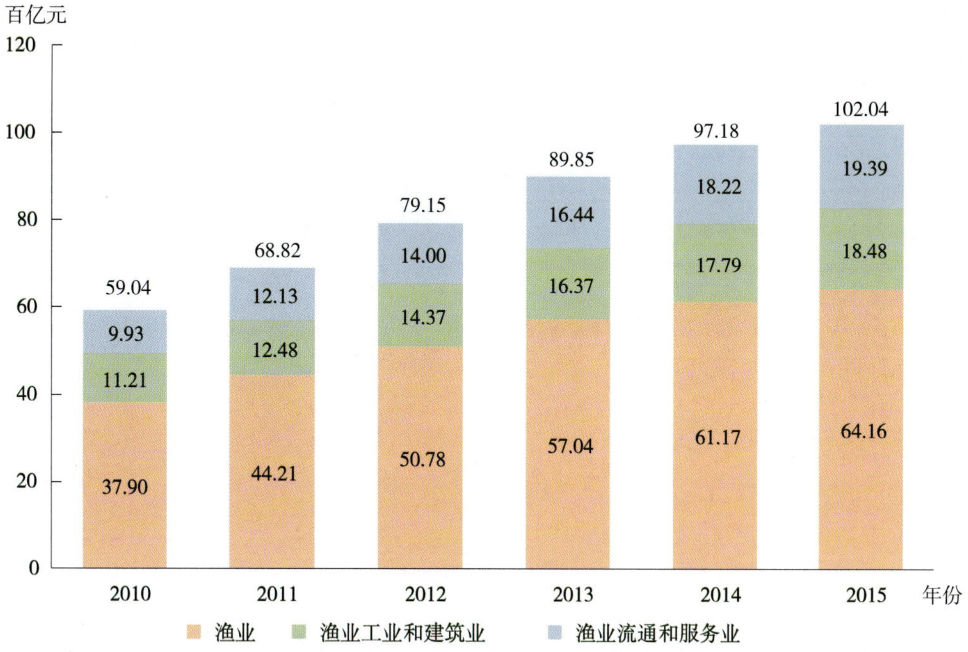

图 2　2010—2015 年全国渔业经济增加值及构成

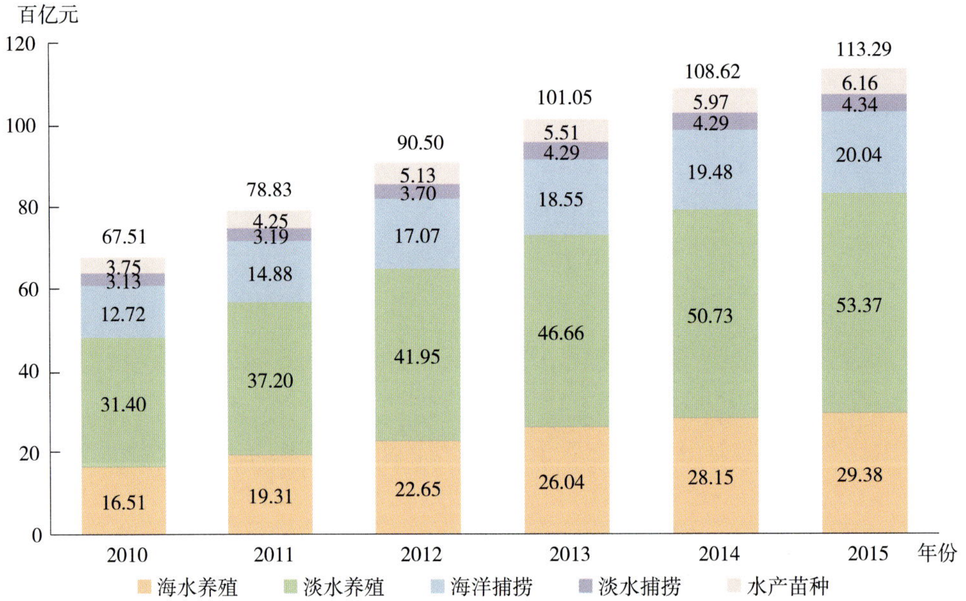

图 3　2010—2015 年全国渔业产值及构成

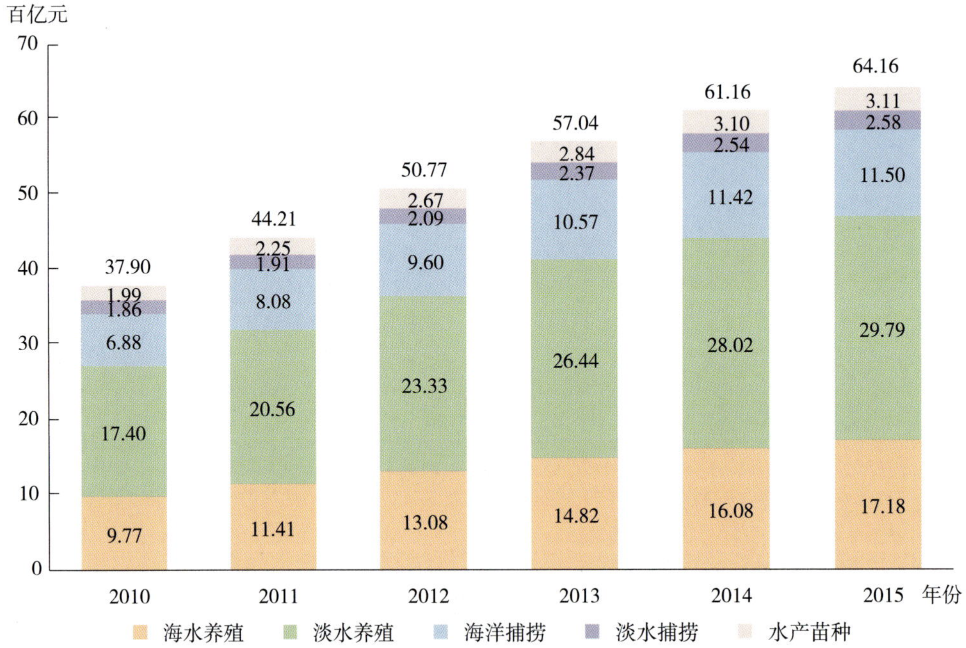

图 4　2010—2015 年全国渔业增加值及构成

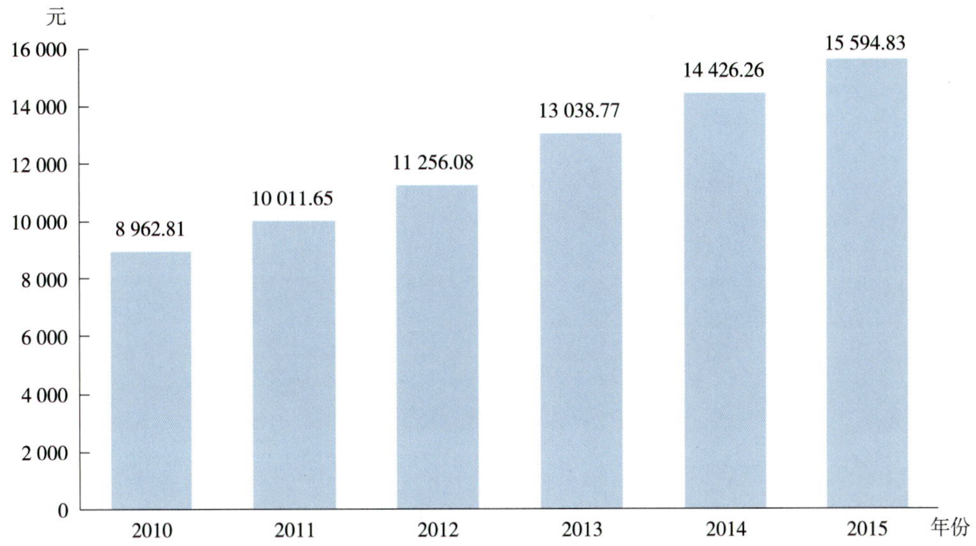

图 5　2010—2015 年全国渔民人均纯收入

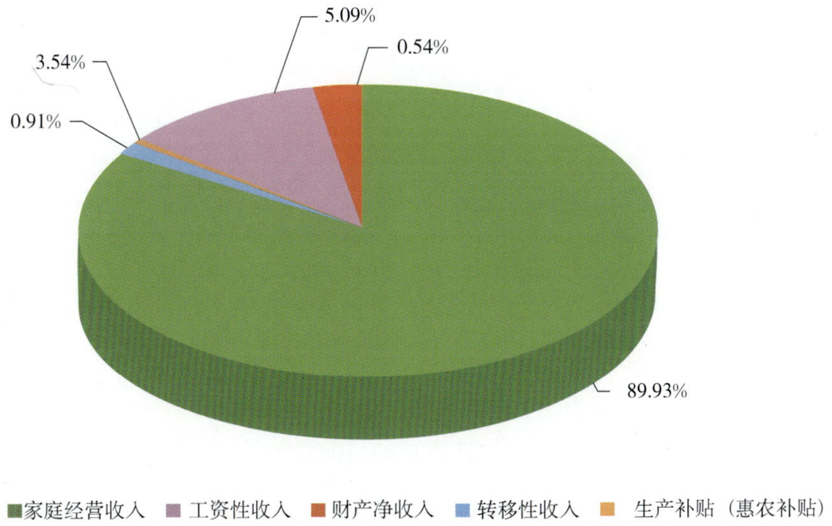

图 6　2015 年全国渔民家庭总收入构成

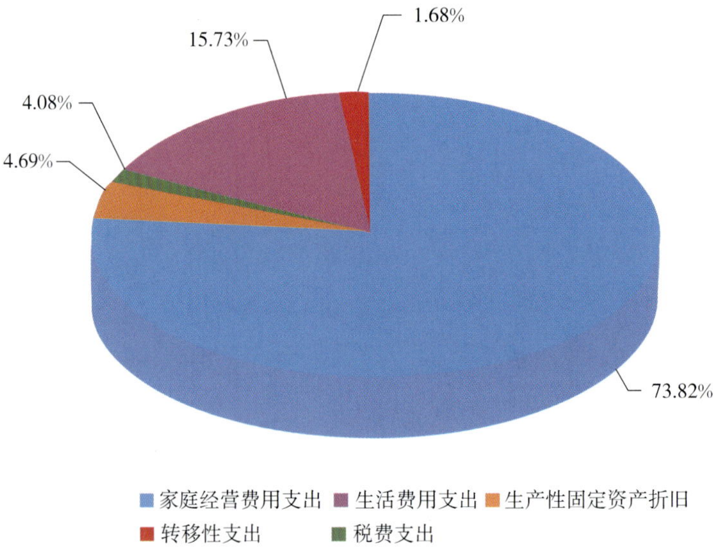

图 7　2015 年全国渔民家庭总支出构成

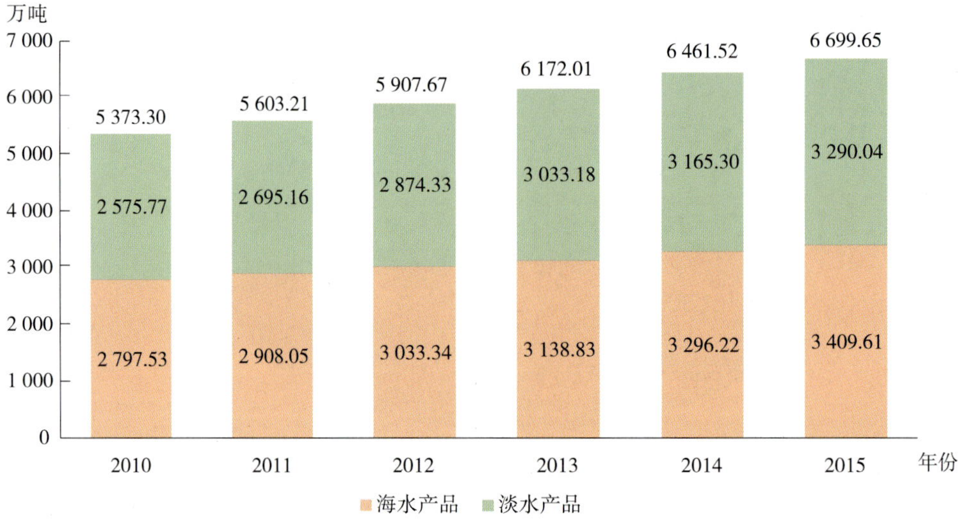

图 8　2010—2015 年全国水产品产量及构成

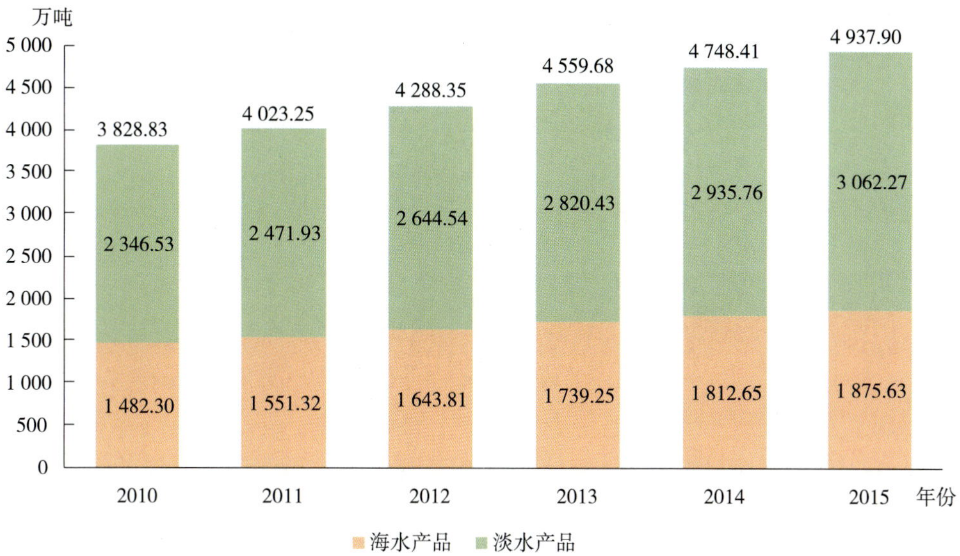

图 9　2010—2015 年全国养殖产品产量及构成

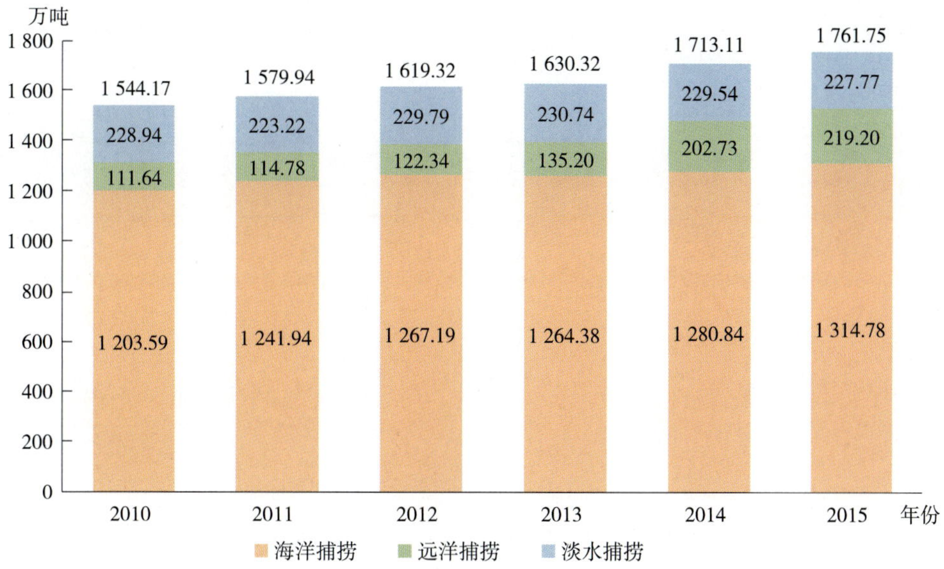

图 10　2010—2015 年全国捕捞产品产量及构成

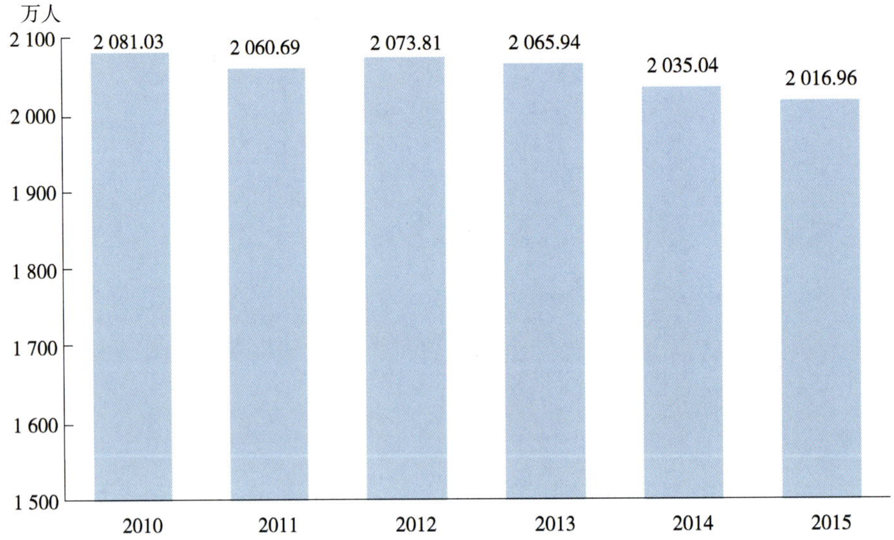

图 11　2010—2015 年全国渔业人口数量

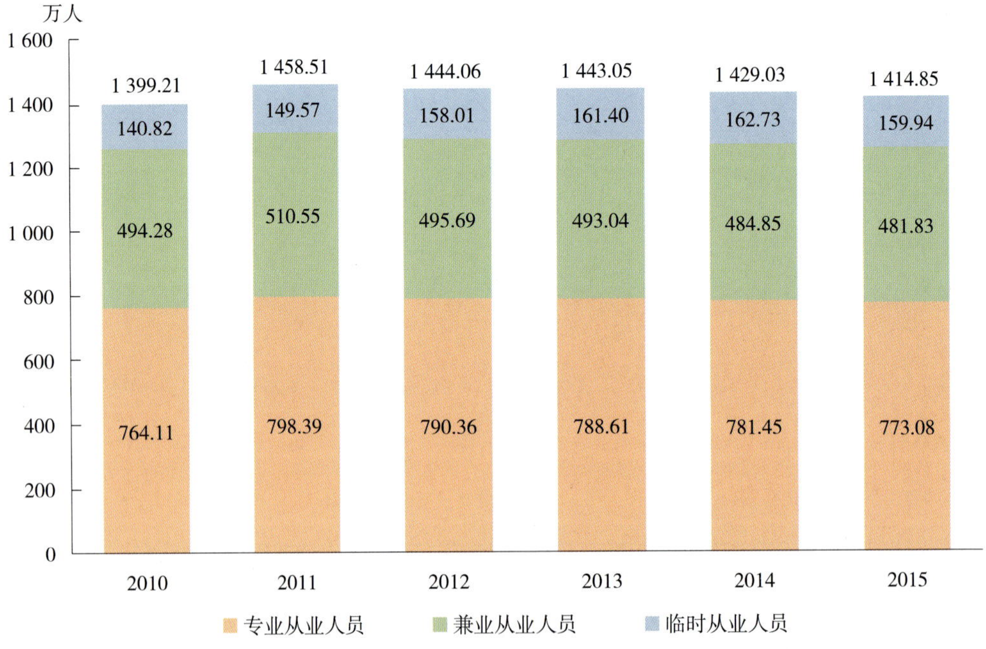

图 12　2010—2015 年全国渔业从业人员数量及构成

目　　录

第一部分

经济核算

1－1　总产值和增加值

全国渔业经济总产值、增加值
（按当年价格计算）

单位：万元

指　　标	2015 年		2014 年		2015 年比 2014 年增减（±）	
	产值	增加值	产值	增加值	产值	增加值
渔业经济总产值	**220 199 432.80**	**102 035 466.77**	**208 589 524.72**	**97 184 509.81**	**11 609 908.08**	**4 850 956.96**
1. 渔业	113 287 000.85	64 163 555.44	108 613 940.62	61 166 861.67	4 673 060.23	2 996 693.77
其中：海水养殖	29 376 626.95	17 181 342.94	28 154 659.12	16 084 478.44	1 221 967.83	1 096 864.50
淡水养殖	53 371 212.58	29 789 472.60	50 725 772.17	28 016 648.36	2 645 440.41	1 772 824.24
海洋捕捞	20 035 129.10	11 504 212.75	19 479 670.13	11 423 086.36	555 458.97	81 126.39
淡水捕捞	4 342 490.67	2 575 824.29	4 285 142.08	2 544 891.72	57 348.59	30 932.57
水产苗种	6 161 541.55	3 112 702.86	5 968 697.12	3 097 756.79	192 844.43	14 946.07
2. 渔业工业和建筑业	50 963 820.45	18 483 473.04	48 752 988.27	17 793 858.92	2 210 832.18	689 614.12
其中：水产品加工	38 805 768.43	14 025 860.49	37 127 021.08	13 481 822.14	1 678 747.35	544 038.35
渔用机具制造	3 403 799.58	1 146 681.45	3 151 857.65	1 095 446.84	251 941.93	51 234.61
其中：渔船渔机修造	2 145 220.08	722 812.49	2 041 651.15	698 430.93	103 568.93	24 381.56
渔用绳网制造	1 047 900.37	364 994.62	968 002.03	345 321.95	79 898.34	19 672.67
渔用饲料	5 347 509.95	2 077 367.01	5 255 671.43	1 968 611.85	91 838.52	108 755.16
渔用药物	157 248.72	60 206.93	148 588.47	57 680.61	8 660.25	2 526.32
建筑业	2 255 012.66	776 445.79	2 060 660.47	781 779.33	194 352.19	－5 333.54
其他	994 481.11	396 911.37	1 009 189.17	408 518.15	－14 708.06	－11 606.78
3. 渔业流通和服务业	55 948 611.50	19 388 438.29	51 222 595.83	18 223 789.22	4 726 015.67	1 164 649.07
其中：水产流通	46 280 241.91	15 272 561.04	42 386 436.70	14 294 564.06	3 893 805.21	977 996.98
水产（仓储）运输	3 027 894.44	1 174 547.60	2 678 803.92	1 095 026.89	349 090.52	79 520.71
休闲渔业	4 892 728.41	2 166 554.24	4 318 534.13	2 012 283.30	574 194.28	154 270.94
其他	1 747 746.74	774 775.41	1 838 821.08	821 914.97	－91 074.34	－47 139.56

各地区渔业经济总产值、渔业产值
（按当年价格计算）

单位：万元

地　　区	2015 年		2015 年比 2014 年增减（±）		渔业产值占农业产值比重（%）
	渔业经济总产值	其中：渔业产值	渔业经济总产值	其中：渔业产值	
全国总计	**220 199 432.80**	**113 287 000.85**	**11 609 908.08**	**4 673 060.23**	**10.2**
北　京	264 734.27	134 839.38	18 356.51	7 911.29	3.2
天　津	1 013 745.00	846 312.00	51 743.00	27 566.00	17.2
河　北	2 457 778.95	2 103 057.57	109 301.88	86 783.87	3.3
山　西	82 242.36	61 427.01	1 199.08	1 670.74	0.7
内 蒙 古	277 135.25	208 986.41	13 306.93	6 823.28	1.1
辽　宁	13 622 472.00	7 828 059.00	-2 122 494.00	-490 583.00	14.7
吉　林	930 000.10	267 444.10	588 022.21	3 315.93	1.4
黑 龙 江	905 122.60	773 668.60	46 311.80	38 830.80	2.3
上　海	728 221.27	586 878.58	-121 533.83	-101 769.82	17.1
江　苏	27 359 522.32	15 456 701.49	1 557 989.31	647 619.47	21.6
浙　江	20 172 259.00	7 906 672.00	888 618.00	331 377.00	29.2
安　徽	7 450 514.64	4 562 187.88	546 750.15	309 654.52	10.8
福　建	24 639 434.06	11 225 788.73	1 341 101.92	562 321.38	29.1
江　西	9 254 066.42	4 534 630.53	533 026.90	204 651.80	14.7
山　东	37 831 568.37	15 934 272.18	1 930 418.85	411 720.94	16.0
河　南	2 446 789.00	1 374 739.00	296 419.00	189 432.00	1.6
湖　北	21 795 446.00	10 322 763.00	2 306 489.00	886 357.00	16.1
湖　南	4 713 187.22	3 669 271.30	563 188.74	280 759.50	6.5
广　东	25 347 350.66	11 472 808.35	1 845 675.25	366 535.51	20.2
广　西	5 709 005.05	4 550 291.66	232 747.94	171 831.35	10.2
海　南	4 729 861.00	3 459 906.00	290 569.00	173 296.00	24.5
重　庆	1 220 018.09	851 054.84	138 447.56	106 980.25	4.3
四　川	3 464 058.88	2 293 705.61	225 763.72	191 342.76	3.3
贵　州	553 290.70	538 095.35	79 375.60	77 177.05	2.0
云　南	1 456 448.58	904 375.52	121 152.31	81 165.54	2.4
西　藏	1 394.27	967.63	34.21	23.69	0.1
陕　西	651 180.86	484 502.70	30 781.04	25 474.01	0.8
甘　肃	22 498.04	19 876.24	2 354.97	1 642.64	0.1
青　海	23 470.00	23 470.00	1 470.00	1 470.00	0.9
宁　夏	327 479.71	183 663.40	16 171.18	8 262.56	3.3
新　疆	238 345.13	195 791.79	-5 955.15	-19 688.83	0.8
中农发集团	510 793.00	510 793.00	83 105.00	83 105.00	

各地区渔业经济总产值(一)
(按当年价格计算)

单位:万元

地区	总计	一、渔业产值			
		合计	海水养殖	淡水养殖	海洋捕捞
全国总计	**220 199 432.80**	**113 287 000.85**	**29 376 626.95**	**53 371 212.58**	**20 035 129.10**
北京	264 734.27	134 839.38		77 608.13	13 242.00
天津	1 013 745.00	846 312.00	95 584.00	499 130.00	209 032.00
河北	2 457 778.95	2 103 057.57	837 382.70	594 768.79	414 070.30
山西	82 242.36	61 427.01		58 054.76	
内蒙古	277 135.25	208 986.41		161 135.05	
辽宁	13 622 472.00	7 828 059.00	4 028 272.00	1 462 136.00	1 537 719.00
吉林	930 000.10	267 444.10		216 849.50	
黑龙江	905 122.60	773 668.60		645 807.00	
上海	728 221.27	586 878.58		401 795.50	160 956.10
江苏	27 359 522.32	15 456 701.49	2 089 684.04	9 859 314.75	1 825 524.81
浙江	20 172 259.00	7 906 672.00	1 574 593.00	2 014 521.00	3 992 437.00
安徽	7 450 514.64	4 562 187.88		3 672 532.12	
福建	24 639 434.06	11 225 788.73	5 639 721.91	1 768 815.13	3 240 121.52
江西	9 254 066.42	4 534 630.53		3 857 911.00	
山东	37 831 568.37	15 934 272.18	8 613 000.80	2 522 480.60	3 934 979.50
河南	2 446 789.00	1 374 739.00		1 164 415.00	
湖北	21 795 446.00	10 322 763.00		8 756 554.00	
湖南	4 713 187.22	3 669 271.30		3 299 832.45	
广东	25 347 350.66	11 472 808.35	4 163 405.50	5 489 294.62	1 354 482.87
广西	5 709 005.05	4 550 291.66	1 405 038.00	1 703 990.00	1 041 573.00
海南	4 729 861.00	3 459 906.00	929 945.00	499 076.00	1 800 198.00
重庆	1 220 018.09	851 054.84		652 835.00	
四川	3 464 058.88	2 293 705.61		1 936 179.00	
贵州	553 290.70	538 095.35		494 275.96	
云南	1 456 448.58	904 375.52		754 613.23	
西藏	1 394.27	967.63		433.07	
陕西	651 180.86	484 502.70		445 957.17	
甘肃	22 498.04	19 876.24		19 084.25	
青海	23 470.00	23 470.00		23 470.00	
宁夏	327 479.71	183 663.40		157 247.70	
新疆	238 345.13	195 791.79		161 095.80	
中农发集团	510 793.00	510 793.00			510 793.00

各地区渔业经济总产值(二)
(按当年价格计算)

单位:万元

地区	一、渔业产值(续)		二、渔业工业和建筑业		
	淡水捕捞	水产苗种	合计	水产品加工	渔用机具制造
					小计
全国总计	**4 342 490.67**	**6 161 541.55**	**50 963 820.45**	**38 805 768.43**	**3 403 799.58**
北京	7 235.25	36 754.00	25 133.78	5 930.34	
天津	17 209.00	25 357.00	10 437.00	960.00	
河北	140 959.21	115 876.57	248 081.64	213 218.00	9 431.00
山西	1 752.83	1 619.42	1 759.53		
内蒙古	36 839.28	11 012.08	18 672.00	17 392.00	
辽宁	88 273.00	711 659.00	2 933 981.00	2 442 304.00	93 579.00
吉林	36 034.20	14 560.40	465 463.00	362 509.00	230.00
黑龙江	81 178.00	46 683.60	27 726.00	6 457.00	
上海	7 111.80	17 015.18	127 271.69	127 139.19	131.00
江苏	1 106 005.52	576 172.37	3 693 415.39	2 243 111.46	240 206.60
浙江	138 562.00	186 559.00	7 126 236.00	5 949 956.00	246 767.00
安徽	621 865.93	267 789.83	1 170 727.11	515 446.09	504 189.51
福建	174 470.31	402 659.86	8 923 596.00	7 569 149.00	673 271.00
江西	341 983.00	334 736.53	2 734 929.34	2 037 856.94	55 207.09
山东	176 939.00	686 872.28	12 899 734.63	9 817 328.84	1 464 366.61
河南	71 694.00	138 630.00	228 859.00	55 267.00	2 376.00
湖北	471 057.00	1 095 152.00	4 066 916.00	3 450 135.00	14 568.00
湖南	60 579.17	308 859.68	353 729.09	202 335.52	8 142.16
广东	164 432.16	301 193.20	3 610 304.11	2 187 279.73	60 855.57
广西	147 583.00	252 107.66	577 610.70	500 127.50	1 886.70
海南	25 303.00	205 384.00	1 077 331.00	983 919.00	26 191.00
重庆	97 864.00	100 355.84	77 762.41	3 378.00	1 502.00
四川	168 821.00	188 705.61	274 967.50	11 806.20	5.00
贵州	23 301.82	20 517.57	7 351.88	165.51	155.34
云南	94 594.98	55 167.31	203 675.47	95 253.11	80.00
西藏	534.56				
陕西	18 599.38	19 946.15	21 273.00	30.00	139.00
甘肃	90.58	701.41	24.20		
青海					
宁夏	431.20	25 984.50	39 484.98	2 520.00	
新疆	21 186.49	13 509.50	17 367.00	4 794.00	520.00
中农发集团					

各地区渔业经济总产值(三)
(按当年价格计算)

单位:万元

地 区	二、渔业工业和建筑业(续)					
	渔用机具制造(续)					
	渔船渔机修造	渔用绳网制造	渔用饲料	渔用药物	建 筑	其 他
全国总计	**2 145 220. 08**	**1 047 900. 37**	**5 347 509. 95**	**157 248. 72**	**2 255 012. 66**	**994 481. 11**
北 京			18 961. 39	242. 05		
天 津			9 477. 00			
河 北	7 735. 00	1 358. 00	22 015. 00		2 554. 00	863. 64
山 西			392. 16	1 367. 37		
内 蒙 古					1 280. 00	
辽 宁	70 495. 00	16 464. 00	168 409. 00	7 524. 00	173 541. 00	48 624. 00
吉 林	35. 00	42. 00	648. 00	23. 00	102 053. 00	
黑 龙 江			19 459. 00	550. 00	1 250. 00	10. 00
上 海	131. 00			1. 50		
江 苏	130 103. 97	98 051. 48	915 915. 38	61 291. 37	133 962. 65	98 927. 93
浙 江	151583. 00	91 757. 00	426 051. 00	3 000. 00	391 141. 00	109 321. 00
安 徽	6 812. 56	497 376. 95	78 695. 91	1 780. 55	20 542. 68	50 072. 37
福 建	619 234. 00	52 135. 00	442 411. 00	1 616. 00	59 466. 00	177 683. 00
江 西	36 731. 15	18 475. 94	434 943. 18	14 452. 08	159 630. 83	32 839. 22
山 东	1 059 344. 62	227 480. 71	218 497. 90	5 374. 19	953 082. 99	441 084. 10
河 南	48. 00	2 328. 00	164 075. 00	3 966. 00	2 595. 00	580. 00
湖 北	2 778. 00	11 790. 00	415 218. 00	19 408. 00	164 888. 00	2 699. 00
湖 南	5 736. 83	2 405. 33	121 910. 58	12 133. 55	4 921. 52	4 285. 76
广 东	36 028. 35	17 971. 52	1 276 808. 35	6 196. 63	58 527. 87	20 635. 96
广 西	1 398. 60	487. 10	72 033. 85	1 594. 52	1 737. 00	231. 13
海 南	16 598. 00	8 374. 00	60 235. 00	2 272. 00	2 243. 00	2 471. 00
重 庆	412. 00	1 088. 00	65 322. 25	145. 64	6 913. 52	501. 00
四 川	5. 00		252 448. 30	10 705. 00		3. 00
贵 州		155. 34	7 031. 03			
云 南		80. 00	102 741. 39	1 376. 57	3 819. 40	405. 00
西 藏						
陕 西	10. 00	80. 00	6 473. 30	547. 70	10 839. 00	3 244. 00
甘 肃					24. 20	
青 海						
宁 夏			36 964. 98			
新 疆			10 372. 00	1 681. 00		
中农发集团						

各地区渔业经济总产值(四)
(按当年价格计算)

单位:万元

地　区	三、渔业流通和服务业				
	合　计	水产流通	水产(仓储)运输	休闲渔业	其　他
全国总计	**55 948 611.50**	**46 280 241.91**	**3 027 894.44**	**4 892 728.41**	**1 747 746.74**
北　京	104 761.11	53 514.10	2 667.56	47 219.45	1 360.00
天　津	156 996.00	105 082.00	7 608.00	37 854.00	6 452.00
河　北	106 639.74	60 829.02	15 450.00	20 946.75	9 413.97
山　西	19 055.82	13 711.93	658.30	4 675.59	10.00
内蒙古	49 476.84	21 891.36	4 030.13	23 555.35	
辽　宁	2 860 432.00	2 229 188.00	269 788.00	328 594.00	32 862.00
吉　林	197 093.00	176 296.80	4 769.00	14 325.20	1 702.00
黑龙江	103 728.00	52 410.00	7 870.00	42 260.00	1 188.00
上　海	14 071.00	2 707.00		11 364.00	
江　苏	8 209 405.44	6 916 198.57	275 319.74	718 708.54	299 178.59
浙　江	5 139 351.00	4 510 382.00	186 048.00	186 048.00	256 873.00
安　徽	1 717 599.65	1 347 290.30	95 179.38	259 187.02	15 942.95
福　建	4 490 049.33	3 983 046.20	203 705.50	62 173.38	241 124.25
江　西	1 984 506.55	1 684 206.04	79 480.85	190 143.10	30 676.56
山　东	8 997 561.56	6 105 188.85	1 141 088.76	1 068 171.80	683 112.15
河　南	843 191.00	661 161.00	78 225.00	101 830.00	1 975.00
湖　北	7 405 767.00	6 141 704.00	296 674.00	947 854.00	19 535.00
湖　南	690 186.83	521 806.35	26 772.38	129 655.36	11 952.74
广　东	10 264 238.20	9 861 800.91	80 158.09	253 890.89	68 388.31
广　西	581 102.69	475 126.21	66 224.21	23 708.66	16 043.61
海　南	192 624.00	132 953.00	13 450.00	25 544.00	20 677.00
重　庆	291 200.84	197 954.30	21 788.51	60 811.95	10 646.08
四　川	895 385.77	550 864.50	117 940.46	218 818.62	7 762.19
贵　州	7 843.47	5 486.26	552.59	1 608.06	196.56
云　南	348 397.59	286 861.93	13 027.40	42 106.06	6 402.20
西　藏	426.64	325.41		101.23	
陕　西	145 405.16	84 174.39	7 791.84	49 816.93	3 622.00
甘　肃	2 597.60	100.28	65.00	2 430.24	2.08
青　海					
宁　夏	104 331.33	86 866.70	10 692.80	6 123.33	648.50
新　疆	25 186.34	11 114.50	868.94	13 202.90	
中农发集团					

各地区渔业经济增加值(一)
(按当年价格计算)

单位:万元

地 区	总 计	一、渔业增加值			
		合 计	海水养殖	淡水养殖	海洋捕捞
全国总计	**102 035 466.77**	**64 163 555.44**	**17 181 342.94**	**29 789 472.60**	**11 504 212.75**
北 京	67 364.18	37 405.44		20 662.86	1 200.00
天 津	434 232.00	397 607.00	47 184.00	236 338.00	88 653.00
河 北	1 309 112.39	1 208 312.73	495 517.69	351 951.93	245 024.36
山 西	14 789.40	10 761.28		10 100.17	
内蒙古	149 371.50	119 321.29		88 784.78	
辽 宁	6 714 065.00	4 905 783.00	2 635 290.00	790 462.00	986 825.00
吉 林	199 804.42	73 226.11		58 645.50	
黑龙江	429 567.62	370 427.26		309 987.36	
上 海	167 490.87	134 982.06		92 412.97	37 019.90
江 苏	13 148 402.64	8 421 200.00	1 088 813.96	5 770 082.68	876 836.62
浙 江	6 922 450.00	4 607 488.00	922 730.00	1 196 237.00	2 339 043.00
安 徽	3 328 416.45	2 556 067.91		2 046 187.67	
福 建	13 088 991.18	6 197 370.44	3 137 009.16	983 876.40	1 802 268.10
江 西	5 158 862.51	3 043 181.54		2 385 080.00	
山 东	17 849 736.85	9 714 481.91	5 288 267.50	1 548 769.40	2 416 024.90
河 南	1 184 672.00	905 819.00		783 371.00	
湖 北	10 449 113.00	6 080 312.00		5 241 367.00	
湖 南	2 842 777.04	2 391 272.64		2 150 853.42	
广 东	8 645 308.10	4 600 827.24	1 893 929.63	1 996 789.38	524 482.87
广 西	3 547 417.69	3 037 359.14	1 017 213.00	1 110 831.00	687 438.00
海 南	2 896 394.00	2 535 234.00	655 388.00	362 624.00	1 390 389.00
重 庆	763 281.95	622 580.06		505 982.00	
四 川	1 719 373.59	1 326 301.34		1 107 722.58	
贵 州	317 423.89	308 859.08		281 014.13	
云 南	308 616.24	227 794.43		168 558.89	
西 藏	709.33	404.87		137.53	
陕 西	86 609.77	73 685.99		67 416.62	
甘 肃	4 805.75	4 262.67		4 034.55	
青 海	16 274.00	16 274.00		16 274.00	
宁 夏	95 636.80	73 802.35		60 643.83	
新 疆	65 388.61	52 142.66		42 273.95	
中农发集团	109 008.00	109 008.00			109 008.00

各地区渔业经济增加值(二)
(按当年价格计算)

单位:万元

地区	一、渔业增加值(续)		二、渔业工业和建筑业		
	淡水捕捞	水产苗种	合计	水产品加工	渔用机具制造 小计
全国总计	**2 575 824.29**	**3 112 702.86**	**18 483 473.04**	**14 025 860.49**	**1 146 681.45**
北京	2 786.33	12 756.25	4 868.24	1 246.03	
天津	9 312.00	16 120.00	2 897.00	480.00	
河北	83 412.02	32 406.73	64 658.82	54 922.00	5 373.30
山西	314.64	346.47	296.29		
内蒙古	24 470.02	6 066.49	8 233.50	7 337.50	
辽宁	59 388.00	433 818.00	901 624.00	769 425.00	28 086.00
吉林	10 178.40	4 402.21	82 391.90	72 041.90	75.00
黑龙江	38 965.44	21 474.46	9 350.92	2 970.22	
上海	1 635.70	3 913.49	29 272.48	29 242.01	30.13
江苏	442 265.38	243 201.36	1 465 528.75	920 013.52	91 492.40
浙江	81 352.00	68 126.00	1 418 990.00	1 173 624.00	66 124.00
安徽	378 161.64	131 718.60	390 235.43	172 484.50	177 774.76
福建	97 046.44	177 170.34	4 739 647.10	4 087 340.46	289 506.53
江西	430 086.00	228 015.54	980 272.28	739 329.88	11 678.88
山东	108 638.00	352 782.11	4 112 318.45	3 061 830.40	423 792.00
河南	50 730.00	71 718.00	66 480.00	24 442.00	862.00
湖北	284 314.00	554 631.00	1 715 664.00	1 395 814.00	10 514.00
湖南	41 171.61	199 247.61	175 833.41	87 942.80	5 389.57
广东	64 432.16	121 193.20	1 646 448.33	953 657.06	24 952.85
广西	95 929.00	125 948.14	197 002.18	176 091.50	510.27
海南	18 316.00	108 517.00	292 877.00	263 364.00	9 896.00
重庆	75 697.00	40 901.06	24 363.82	817.00	335.25
四川	113 177.42	105 401.34	85 780.52	3 449.28	2.00
贵州	15 033.69	12 811.26	4 087.99	104.32	91.11
云南	41 134.50	18 101.04	44 029.11	25 807.55	40.00
西藏	267.34				
陕西	1 146.67	5 122.70	280.00	1.00	
甘肃		228.12	3.23		
青海					
宁夏	166.27	12 992.25	14 912.84	644.36	
新疆	6 296.62	3 572.09	5 125.45	1 438.20	155.40
中农发集团					

各地区渔业经济增加值(三)
(按当年价格计算)

单位:万元

地区	二、渔业工业和建筑业(续)					
	渔用机具制造(续)		渔用饲料	渔用药物	建筑	其他
	渔船渔机修造	渔用绳网制造				
全国总计	**722 812.49**	**364 994.62**	**2 077 367.01**	**60 206.93**	**776 445.79**	**396 911.37**
北京			3 525.06	97.15		
天津			2 417.00			
河北	4 397.00	858.00	3 236.00		940.00	187.52
山西			23.53	272.76		
内蒙古					896.00	
辽宁	21 333.00	5 063.00	38 722.00	2 026.00	43 617.00	19 748.00
吉林	20.00	16.00	57.00	6.00	10 212.00	
黑龙江			5 837.70	165.00	375.00	3.00
上海	30.13			0.34		
江苏	49 530.01	33 270.90	325 098.31	23 830.08	43 495.03	61 599.41
浙江	39 494.00	26 016.00	76 835.00	482.00	77 314.00	24 611.00
安徽	3 146.78	174 627.98	20 708.16	536.02	5 222.73	13 509.26
福建	266 270.62	22 418.05	234 477.83	856.48	31 516.98	95 948.82
江西	5 256.00	6 422.87	154 971.67	5 428.00	57 968.98	10 894.87
山东	307 081.53	75 672.54	77 671.68	1 639.56	388 492.23	158 892.58
河南	20.00	842.00	39 487.00	820.00	649.00	220.00
湖北	1 901.00	7 925.00	211 257.00	10 834.00	86 234.00	1 011.00
湖南	3 508.92	1 880.65	71 103.26	6 889.35	2 454.57	2 053.86
广东	14 207.19	6 710.31	635 193.03	2 464.41	22 659.62	7 521.36
广西	448.06	60.21	18 969.65	539.45	772.00	119.31
海南	6 032.00	2 880.00	18 118.00	482.00	640.00	377.00
重庆	134.25	200.00	20 412.51	54.82	2 581.96	162.28
四川	2.00		80 413.44	1 914.20		1.60
贵州		91.11	3 892.56			
云南		40.00	17 126.04	435.56	579.46	40.50
西藏						
陕西			433.50	13.50	-178.00	10.00
甘肃					3.23	
青海						
宁夏			14 268.48			
新疆			3 111.60	420.25		
中农发集团						

各地区渔业经济增加值(四)
(按当年价格计算)

单位:万元

地区	三、渔业流通和服务业				
	合计	水产流通	水产(仓储)运输	休闲渔业	其他
全国总计	**19 388 438. 29**	**15 272 561. 04**	**1 174 547. 60**	**2 166 554. 24**	**774 775. 41**
北京	25 090. 50	1 992. 12	279. 82	22 658. 56	160. 00
天津	33 728. 00	12 125. 00	2 781. 00	15 734. 00	3 088. 00
河北	36 140. 84	16 524. 36	5 914. 00	6 135. 26	7 567. 22
山西	3 731. 83	2 149. 04	149. 40	1 430. 39	3. 00
内蒙古	21 816. 71	6 750. 06	2 150. 67	12 915. 98	
辽宁	906 658. 00	703 305. 00	86 313. 00	112 520. 00	4 520. 00
吉林	44 186. 41	34 944. 94	4 471. 80	4 377. 77	391. 90
黑龙江	49 789. 44	25 156. 80	3 777. 60	20 284. 80	570. 24
上海	3 236. 33	622. 61		2 613. 72	
江苏	3 261 673. 89	2 686 726. 41	97 677. 99	361 266. 05	116 003. 44
浙江	895 972. 00	692 244. 00	52 420. 00	62 547. 00	88 761. 00
安徽	382 113. 11	229 795. 68	31 908. 58	116 049. 83	4 359. 02
福建	2 151 973. 64	1 911 862. 18	89 630. 42	32 330. 16	118 150. 88
江西	1 135 408. 69	1 039 852. 00	25 428. 77	59 542. 92	10 585. 00
山东	4 022 936. 49	2 643 360. 35	468 862. 59	561 095. 10	349 618. 45
河南	212 373. 00	160 648. 00	8 095. 00	42 996. 00	634. 00
湖北	2 653 137. 00	2 113 114. 00	136 250. 00	394 138. 00	9 635. 00
湖南	275 670. 99	204 239. 99	13 620. 25	53 020. 00	4 790. 75
广东	2 398 032. 53	2 218 181. 39	45 583. 08	109 364. 58	24 903. 48
广西	313 056. 37	262 255. 61	31 120. 70	9 516. 76	10 163. 30
海南	68 283. 00	36 538. 00	7 370. 00	14 766. 00	9 609. 00
重庆	116 338. 07	77 028. 12	6 220. 77	26 979. 32	6 109. 86
四川	307 291. 73	161 913. 28	47 772. 67	93 734. 62	3 871. 16
贵州	4 476. 82	3 152. 21	301. 05	917. 44	106. 12
云南	36 792. 70	19 521. 14	1 789. 57	14 842. 42	639. 57
西藏	304. 46	221. 12		83. 34	
陕西	12 643. 78	5 337. 94	226. 44	6 794. 70	284. 70
甘肃	539. 85	40. 80	44. 30	454. 75	
青海					
宁夏	6 921. 61	180. 26	4 127. 42	2 363. 61	250. 32
新疆	8 120. 50	2 778. 63	260. 71	5 081. 16	
中农发集团					

1-2 渔民家庭收支

全国渔民人均纯收入

单位:元

地　区	2015 年	2014 年	2015 年比 2014 年增减(±)	
			绝对量	幅度(%)
全国总计	**15 594.83**	**14 426.26**	**1 168.57**	**8.10**
北　京	15 580.85	15 134.16	446.69	2.95
天　津	22 582.79	22 392.00	190.79	0.85
河　北	12 961.77	11 922.12	1 039.65	8.72
山　西	7 789.99	7 268.70	521.29	7.17
内 蒙 古	12 145.09	11 352.76	792.33	6.98
辽　宁	16 639.64	16 021.59	618.05	3.86
吉　林	10 670.95	8 794.83	1 876.12	21.33
黑 龙 江	13 447.46	11 656.38	1 791.08	15.37
上　海	23 946.15	22 476.73	1 469.42	6.54
江　苏	20 736.51	19 542.42	1 194.09	6.11
浙　江	21 503.81	19 729.92	1 773.89	8.99
安　徽	13 853.08	12 333.35	1 519.73	12.32
福　建	16 003.22	14 633.68	1 369.54	9.36
江　西	12 306.21	11 656.15	650.06	5.58
山　东	17 490.82	16 012.38	1 478.44	9.23
河　南	11 951.55	10 985.15	966.40	8.80
湖　北	15 514.35	13 559.84	1 954.51	14.41
湖　南	15 248.01	13 417.88	1 830.13	13.64
广　东	13 711.86	13 371.42	340.44	2.55
广　西	19 131.09	18 221.90	909.19	4.99
海　南	13 923.35	13 611.00	312.35	2.29
重　庆	14 214.53	12 736.20	1 478.33	11.61
四　川	13 240.14	12 162.41	1 077.73	8.86
贵　州	10 908.09	9 093.14	1 814.95	19.96
云　南	10 353.13	15 930.92	-5 577.79	-35.01
西　藏				
陕　西	11 238.63	10 410.87	827.76	7.95
甘　肃	8 352.42	5 766.42	2 586.00	44.85
青　海	18 680.97	17 007.21	1 673.76	9.84
宁　夏	10 361.35	9 568.07	793.28	8.29
新　疆	13 398.23	12 539.14	859.09	6.85

注:1. 本表数据是对样本调查数据中离群值进行重点评估,并重新赋权统计的结果。

2. 云南省 2014 年数据因水平上偏影响,甘肃省因水平下偏影响,两省的两年不具可比性,请在使用时注意。

各地区渔民家庭收支调查(一)

单位:万元

地区	一、家庭总收入	(一)家庭经营收入	1. 经营渔业	2. 经营其他行业	(二)工资性收入	1. 渔业	2. 其他行业
全国总计	**208 974.40**	**187 927.60**	**175 368.81**	**12 558.80**	**10 626.86**	**3 760.35**	**6 866.50**
北　京	1 248.99	1 098.71	1 029.69	69.02	108.76	18.75	90.01
天　津	3 181.07	3 039.76	2 990.42	49.34	76.35	3.60	72.75
河　北	11 926.64	10 683.41	10 403.85	279.56	189.55	64.00	125.55
山　西	5 065.44	5 018.26	4 951.07	67.19	30.71	16.19	14.52
内蒙古	1 305.72	1 225.20	740.53	484.67	54.74	1.17	53.58
辽　宁	25 039.80	23 096.27	21 110.11	1 986.16	1 295.23	562.81	732.42
吉　林	2 333.31	2 249.99	1 659.62	590.37	52.80		52.80
黑龙江	7 414.73	6 942.38	5 994.93	947.45	373.15	258.93	114.22
上　海	2 828.02	2 577.26	2 571.72	5.54	146.47	2.05	144.42
江　苏	11 534.77	9 988.19	9 559.19	429.00	815.12	202.47	612.65
浙　江	10 326.44	8 079.23	7 610.27	468.96	900.19	368.52	531.67
安　徽	9 422.91	8 498.22	7 816.92	681.30	492.36	136.12	356.25
福　建	13 447.80	11 770.98	11 248.01	522.98	723.77	425.65	298.12
江　西	7 753.34	7 150.58	6 592.16	558.41	287.09	64.98	222.11
山　东	26 952.50	24 260.29	23 028.81	1 231.48	1 014.82	306.75	708.07
河　南	8 832.06	7 946.63	7 159.24	787.39	723.15	95.66	627.49
湖　北	6 784.48	5 916.04	5 330.56	585.48	696.92	204.27	492.65
湖　南	5 723.39	4 983.16	4 218.84	764.32	551.71	168.81	382.89
广　东	12 041.98	10 062.55	9 619.43	443.12	948.75	484.49	464.26
广　西	7 512.19	6 179.04	5 939.27	239.77	366.52	140.69	225.83
海　南	1 350.25	1 278.16	1 108.78	169.38	16.29	0.71	15.58
重　庆	2 824.46	2 642.37	2 349.38	292.99	136.60	33.35	103.25
四　川	2 431.16	2 062.04	1 792.32	269.72	254.23	25.11	229.12
贵　州	3 111.13	2 997.03	2 889.29	107.75	44.66	5.82	38.84
云　南	4 923.02	4 821.06	4 632.13	188.92	89.17	37.82	51.35
西　藏							
陕　西	4 423.39	4 336.51	4 192.02	144.49	83.84	54.55	29.29
甘　肃	585.88	534.81	502.77	32.04	34.74	15.28	19.46
青　海	389.19	340.22	208.21	132.02	48.65	12.68	35.97
宁　夏	3 261.98	3 203.83	3 173.82	30.00	50.83	29.46	21.37
新　疆	4 998.38	4 945.43	4 945.43		19.70	19.70	

各地区渔民家庭收支调查(二)

单位:万元

地区	一、家庭总收入(续)							
	(三)财产净收入	1. 利息	2. 红利	3. 储蓄性保险	4. 土地或水面经营权租金	5. 其他财产性净收入	(四)转移性收入	1. 养老或退休金
全国总计	**1 129.07**	**441.86**	**274.41**	**26.29**	**367.34**	**19.17**	**1 897.43**	**539.47**
北京	5.64	2.94	0.42		2.28		31.44	20.16
天津	41.52	2.40	8.00		31.12		22.90	12.55
河北	25.41	13.24	0.12		12.06		20.93	7.42
山西	2.36	0.84		1.24	0.28		5.49	1.59
内蒙古	4.87	0.10			3.27	1.50	3.29	2.00
辽宁	167.13	41.48	10.37	2.64	111.17	1.47	176.97	107.45
吉林	2.50				2.50		8.10	8.00
黑龙江	45.58	15.48	2.43	1.37	26.10	0.20	20.73	6.22
上海	4.48	2.47			2.01		32.41	30.43
江苏	137.26	91.41	7.60	4.52	32.46	1.27	257.68	120.31
浙江	55.53	15.41	34.03	1.00	4.14	0.95	85.67	36.96
安徽	68.80	26.70	22.30	0.40	19.03	0.38	238.90	13.32
福建	62.18	15.37	39.91	0.16	3.87	2.87	131.82	11.61
江西	71.71	30.06	29.55	0.27	10.83	1.00	175.80	17.66
山东	120.98	78.34	4.78	9.82	24.65	3.40	127.99	25.64
河南	26.29	17.96		0.03	6.76	1.55	115.54	7.64
湖北	66.96	26.75	11.48	2.30	22.61	3.82	76.02	11.14
湖南	24.90	13.79	10.05	0.51	0.13	0.42	89.44	24.51
广东	92.68	0.88	87.69	0.01	4.06	0.05	70.01	6.56
广西	30.40	9.84		0.34	20.20		58.13	7.82
海南	1.28	1.28			0.00		8.81	0.52
重庆	10.92	4.91	1.95	1.48	2.29	0.30	24.82	9.62
四川	10.97	7.59	1.49	0.20	1.69		93.95	38.33
贵州	26.51	6.51			20.00		0.77	0.54
云南	4.52		2.00		2.52		3.78	0.12
西藏								
陕西							2.79	2.66
甘肃	12.13	10.58	0.20		1.35		3.21	0.82
青海							0.32	0.20
宁夏							7.02	7.02
新疆	5.55	5.55					2.70	0.65

各地区渔民家庭收支调查(三)

单位:万元

地区	一、家庭总收入(续)				二、家庭总支出			
	(四)转移性收入(续)					(一)家庭经营费用支出		
	2. 社会救济或政策性生活补贴	3. 农村外出从业人员寄回带回收入	4. 赡养收入	5. 其他转移性收入			1. 经营渔业支出	a. 燃料及冰费用
全国总计	**152.32**	**633.55**	**199.46**	**372.64**	**192 950.57**	**142 441.28**	**137 642.74**	**27 078.91**
北　京	5.25	1.12	4.36	0.55	1 076.24	681.44	669.80	93.00
天　津		5.47	4.02	0.86	2 988.54	2 264.97	2 251.23	122.49
河　北	4.46	0.70	1.25	7.11	12 240.90	9 196.48	9 044.68	1 943.33
山　西		3.90			5 168.29	4 565.15	4 533.02	376.41
内蒙古	0.37		0.69	0.23	1 300.53	767.68	536.03	44.99
辽　宁	7.46	13.66	22.75	25.66	22 798.19	17 446.00	16 773.67	1 679.93
吉　林	0.10				1 914.14	1 096.68	942.41	155.40
黑龙江		13.79	0.72		6 598.02	5 507.18	5 090.89	411.53
上　海	1.48		0.50		2 389.55	2 091.30	2 078.52	155.86
江　苏	8.28	77.52	15.08	36.49	9 900.18	6 945.89	6 762.39	842.70
浙　江	7.26	26.40	4.49	10.56	9 926.14	6 474.73	6 256.70	2 717.00
安　徽	21.81	70.12	8.37	125.29	8 590.36	5 504.01	5 197.38	260.94
福　建	24.03	58.93	19.92	17.34	12 055.66	9 041.25	8 791.39	2 796.55
江　西	4.66	111.86	26.29	15.33	6 804.63	5 065.93	4 810.42	263.06
山　东	26.66	26.08	15.89	33.72	27 320.53	19 165.26	18 675.86	7 514.65
河　南	7.41	59.78	10.96	29.74	7 823.08	5 698.77	5 577.69	435.28
湖　北	8.10	23.23	5.44	28.11	5 543.15	3 811.44	3 612.62	254.07
湖　南	6.86	23.32	19.26	15.50	4 579.51	3 028.43	2 892.31	313.51
广　东	1.54	43.83	9.16	8.92	10 500.60	7 300.93	7 036.97	3 620.35
广　西	0.93	36.84	9.38	3.16	6 433.45	4 575.74	4 463.30	2 078.39
海　南	6.31	0.37	0.54	1.08	1 240.12	709.64	598.67	116.32
重　庆	0.23	0.65	7.85	6.47	2 574.62	1 912.30	1 745.46	76.02
四　川	7.43	33.92	10.89	3.39	2 205.07	1 471.12	1 368.95	64.02
贵　州	0.03	0.19			2 894.59	2 477.53	2 457.80	82.79
云　南	0.93	1.14	0.64	0.95	4 577.42	3 690.54	3 629.91	103.37
西　藏								
陕　西	0.13				4 409.62	3 865.82	3 820.13	226.04
甘　肃	0.49	0.72	1.02	0.16	596.10	394.25	378.39	31.61
青　海	0.12				216.69	161.72	123.16	1.72
宁　夏					3 326.64	2 923.82	2 917.72	124.31
新　疆				2.05	4 957.99	4 605.28	4 605.28	173.26

各地区渔民家庭收支调查(四)

单位:万元

地 区	二、家庭总支出(续)					
	(一)家庭经营费用支出(续)				(二)生产性固定资产折旧	
	1. 经营渔业支出(续)			2. 经营其他行业支出		其中:渔业固定资产折旧
	b. 雇工费用	c. 饲料及苗种费用	d. 其他费用			
全国总计	**21 306.61**	**83 079.98**	**6 177.24**	**4 798.54**	**9 039.90**	**7 408.07**
北 京	46.01	525.02	5.78	11.64	39.07	29.02
天 津	83.98	2 009.43	35.32	13.74	33.95	33.60
河 北	2 448.83	3 832.16	820.36	151.80	1 095.05	577.11
山 西	649.46	3 148.94	358.21	32.14	98.12	96.11
内 蒙 古	66.05	409.43	15.56	231.65	122.60	37.63
辽 宁	1 810.71	12 719.41	563.62	672.33	500.92	404.61
吉 林	168.89	598.02	20.10	154.27	107.25	67.24
黑 龙 江	468.95	4 043.77	166.64	416.29	227.52	99.28
上 海	159.21	1 515.38	248.07	12.78	34.16	28.89
江 苏	1 214.73	4 531.28	173.68	183.50	452.14	407.80
浙 江	1 542.31	1 541.36	456.03	218.03	751.08	674.90
安 徽	762.70	3 944.28	229.46	306.64	222.75	187.80
福 建	1 417.58	3 914.83	662.43	249.86	952.13	934.72
江 西	300.39	4 032.31	214.65	255.52	70.19	59.35
山 东	6 107.90	4 132.95	920.35	489.40	1 992.25	1 720.68
河 南	216.90	4 801.23	124.28	121.08	273.90	164.61
湖 北	204.97	2 909.93	243.65	198.82	98.45	64.84
湖 南	205.61	2 261.49	111.70	136.12	137.19	103.80
广 东	1 857.43	1 366.55	192.64	263.96	699.97	673.99
广 西	589.24	1 682.94	112.72	112.44	485.73	466.00
海 南	38.97	423.46	19.92	110.97	42.80	41.73
重 庆	90.41	1 510.80	68.23	166.84	112.14	103.46
四 川	51.14	1 225.01	28.78	102.17	47.31	38.27
贵 州	72.03	2 296.53	6.46	19.73	79.47	76.16
云 南	115.79	3 346.99	63.77	60.63	91.36	79.39
西 藏						
陕 西	227.32	3 363.49	3.28	45.69	74.93	63.33
甘 肃	18.25	318.90	9.64	15.86	41.42	34.65
青 海	39.78	80.96	0.70	38.56	44.40	28.71
宁 夏	169.92	2 331.55	291.93	6.10	11.99	10.70
新 疆	161.15	4 261.59	9.29		99.68	99.68

各地区渔民家庭收支调查(五)

单位:万元

地区	二、家庭总支出(续)					
	(三)税费支出	其中:渔业税费支出	(四)生活消费支出	其中		(五)转移性支出
				伙食消费支出	衣着消费支出	
全国总计	**7 875.23**	**6 753.09**	**30 344.65**	**12 046.57**	**2 767.89**	**3 249.50**
北　京	8.07	7.92	326.30	109.61	26.44	21.36
天　津	396.62	396.62	261.84	79.60	22.71	31.15
河　北	654.61	106.22	1 146.34	393.51	95.76	148.41
山　西	43.05	43.05	410.02	143.38	36.92	51.94
内蒙古	3.73	2.93	375.10	102.74	47.26	31.42
辽　宁	662.73	280.74	3 863.43	1 424.35	302.99	325.11
吉　林	20.66	20.66	678.63	297.19	56.90	10.92
黑龙江	126.85	126.75	674.51	250.64	56.18	61.97
上　海	41.64	39.96	205.31	107.17	14.29	17.13
江　苏	740.64	723.97	1 486.60	478.62	155.09	274.91
浙　江	339.54	334.99	2 054.25	661.09	217.97	306.54
安　徽	777.31	772.12	1 878.08	711.17	183.14	208.21
福　建	50.54	49.29	1 853.45	924.91	197.57	158.30
江　西	338.11	328.74	1 210.07	628.27	111.94	120.34
山　东	2 423.53	2 423.53	3 323.88	1 026.26	370.60	415.61
河　南	161.57	46.93	1 558.25	625.78	158.66	130.58
湖　北	147.17	133.71	1 312.36	475.03	143.15	173.73
湖　南	15.93	10.43	1 245.15	499.93	118.22	152.81
广　东	30.36	30.07	2 275.56	1 227.70	121.80	193.78
广　西	0.03	0.03	1 267.57	644.83	67.20	104.38
海　南	77.09	77.09	397.43	206.01	24.55	13.17
重　庆	221.49	217.64	269.65	111.40	18.33	59.04
四　川	74.63	74.40	561.01	265.71	47.10	51.01
贵　州	1.09	1.00	319.06	146.02	29.65	17.45
云　南	308.72	303.46	426.40	166.63	30.31	60.39
西　藏						
陕　西	202.80	200.19	262.99	110.59	15.98	3.09
甘　肃	0.70	0.65	147.60	57.73	16.81	12.13
青　海			8.82	2.98	1.39	1.76
宁　夏	6.00		340.91	114.10	31.13	43.92
新　疆			204.10	53.64	47.82	48.93

各地区渔民家庭收支调查(六)

单位:万元

地　　区	三、生产补贴(惠农补贴)	其中:渔业	四、全年纯收入	其中:渔业纯收入	五、调查户数(户)	其中:养殖户(户)	六、调查户家庭常住人员(人)	七、调查户渔业从业人员(人)
全国总计	**7 393.44**	**7 161.37**	**49 617.98**	**34 486.63**	**8 617**	**6 962**	**34 798**	**16 699**
北　　京	4.44	1.40	520.40	343.09	87	85	334	185
天　　津	0.53	0.25	485.53	312.83	56	56	215	92
河　　北	1 007.33	1 007.33	980.49	1 747.17	236	117	1 001	361
山　　西	8.62	8.50	359.12	303.58	105	105	461	243
内 蒙 古	17.62	8.16	411.72	173.26	100	90	339	177
辽　　宁	304.20	270.29	6 430.15	4 484.18	1 171	1 053	4 080	2 338
吉　　林	19.92	2.07	1 108.71	631.38	274	274	1 039	568
黑 龙 江	32.89	14.61	1 553.18	951.56	314	303	1 155	630
上　　海	67.39	56.05	660.91	482.45	82	75	276	168
江　　苏	336.51	325.60	3 396.09	2 193.10	449	394	1 578	800
浙　　江	1 205.82	1 203.17	2 761.09	1 915.38	360	184	1 284	582
安　　徽	124.62	103.66	2 918.84	1 899.40	522	496	2 107	1 109
福　　建	759.05	755.02	3 403.88	2 653.28	487	322	2 127	823
江　　西	68.17	47.02	2 279.11	1 505.66	400	346	1 852	780
山　　东	1 428.41	1 405.42	3 371.45	1 920.91	883	597	3 188	1 517
河　　南	20.45	11.52	2 697.81	1 477.20	515	510	2 352	976
湖　　北	28.54	7.77	2 727.42	1 731.43	426	425	1 758	862
湖　　南	74.19	68.51	2 541.84	1 449.62	412	285	1 667	882
广　　东	867.99	860.88	4 010.72	3 223.77	574	254	2 925	1 157
广　　西	878.10	874.17	2 450.69	2 024.81	270	153	1 281	599
海　　南	45.71	45.37	520.73	437.37	79	41	374	156
重　　庆	9.75	6.29	578.53	322.47	102	96	407	196
四　　川	9.97	6.72	838.10	342.53	160	159	633	297
贵　　州	42.16	42.16	553.04	402.30	113	102	507	242
云　　南	4.50	4.01	832.39	661.18	185	185	804	397
西　　藏								
陕　　西	0.25		279.84	162.92	60	60	249	142
甘　　肃	0.99	0.17	149.51	104.53	44	44	179	62
青　　海			183.07	69.01	19	19	98	62
宁　　夏	0.30	0.24	320.17	275.10	77	77	309	157
新　　疆	25.00	25.00	293.42	285.17	55	55	219	139

第二部分

生　产

2－1 水产品总产量

全国水产品总产量

单位:吨

指 标	2015 年	2014 年	2015 年比 2014 年增减(±)	
			绝对量	幅度(%)
全国总计	**66 996 488**	**64 615 174**	**2 381 314**	**3.69**
海水产品	34 096 088	32 962 170	1 133 918	3.44
淡水产品	32 900 400	31 653 004	1 247 396	3.94
养殖产量	49 379 012	47 484 072	1 894 940	3.99
海水养殖	18 756 277	18 126 481	629 796	3.47
淡水养殖	30 622 735	29 357 591	1 265 144	4.31
捕捞产量	17 617 476	17 131 102	486 374	2.84
海洋捕捞	13 147 811	12 808 371	339 440	2.65
远洋渔业	2 192 000	2 027 318	164 682	8.12
淡水捕捞	2 277 665	2 295 413	－17 748	－0.77
养殖产品中:鱼类	28 457 703	27 219 322	1 238 381	4.55
甲壳类	4 125 538	3 993 456	132 082	3.31
贝类	13 846 041	13 416 711	429 330	3.20
藻类	2 098 078	2 013 129	84 949	4.22
其他类	851 652	841 454	10 198	1.21
捕捞产品中:鱼类	10 736 690	10 481 353	255 337	2.44
甲壳类	2 738 904	2 723 403	15 501	0.57
贝类	810 054	814 904	－4 850	－0.60
藻类	26 177	24 555	1 622	6.61
头足类	699 842	676 715	23 127	3.42
其他类	413 809	382 854	30 955	8.09

注:本表捕捞产品未包括远洋渔业产品。

各地区水产品产量(一)

单位:吨

地　　区	2015 年							
	总产量	1. 养殖产品小计	a. 海水养殖	b. 淡水养殖	2. 捕捞产品小计	a. 海洋捕捞	b. 远洋渔业	c. 淡水捕捞
全国总计	**66 996 488**	**49 379 012**	**18 756 277**	**30 622 735**	**17 617 476**	**13 147 811**	**2 192 000**	**2 277 665**
北　京	66 147	45 043		45 043	21 104		17 000	4 104
天　津	400 965	323 555	10 543	313 012	77 410	47 094	18 000	12 316
河　北	1 297 077	939 909	506 484	433 425	357 168	250 447	4 000	102 721
山　西	52 427	51 353		51 353	1 074			1 074
内蒙古	153 525	124 161		124 161	29 364			29 364
辽　宁	5 312 765	3 878 955	2 941 965	936 990	1 433 810	1 107 857	270 000	55 953
吉　林	195 200	175 546		175 546	19 654			19 654
黑龙江	542 368	485 199		485 199	57 169			57 169
上　海	324 369	151 289		151 289	173 080	16 997	153 000	3 083
江　苏	5 210 467	4 296 742	893 524	3 403 218	913 725	554 314	34 000	325 411
浙　江	5 978 341	1 952 946	933 431	1 019 515	4 025 395	3 366 966	570 000	88 429
安　徽	2 304 261	1 987 873		1 987 873	316 388			316 388
福　建	7 338 969	4 929 448	4 041 301	888 147	2 409 521	2 003 917	318 000	87 604
江　西	2 642 490	2 378 446		2 378 446	264 044			264 044
山　东	9 312 693	6 458 726	4 995 654	1 463 072	2 853 967	2 282 340	469 000	102 627
河　南	1 023 730	972 600		972 600	51 130			51 130
湖　北	4 558 863	4 367 861		4 367 861	191 002			191 002
湖　南	2 593 776	2 484 837		2 484 837	108 939			108 939
广　东	8 582 223	6 897 815	3 032 177	3 865 638	1 684 408	1 505 126	55 000	124 282
广　西	3 459 249	2 665 847	1 142 166	1 523 681	793 402	652 028	3 000	138 374
海　南	2 048 912	664 901	259 032	405 869	1 384 011	1 360 725		23 286
重　庆	480 863	460 505		460 505	20 358			20 358
四　川	1 386 850	1 327 202		1 327 202	59 648			59 648
贵　州	249 762	235 860		235 860	13 902			13 902
云　南	697 098	638 960		638 960	58 138			58 138
西　藏	340	61		61	279			279
陕　西	155 160	147 960		147 960	7 200			7 200
甘　肃	14 932	14 932		14 932				
青　海	10 578	10 578		10 578				
宁　夏	169 727	169 335		169 335	392			392
新　疆	151 361	140 567		140 567	10 794			10 794
中农发集团	281 000				281 000		281 000	

各地区水产品产量（二）

单位:吨

地　　区	2014 年							
	总产量	1. 养殖产品小计	a. 海水养殖	b. 淡水养殖	2. 捕捞产品小计	a. 海洋捕捞	b. 远洋渔业	c. 淡水捕捞
全国总计	**64 615 174**	**47 484 072**	**18 126 481**	**29 357 591**	**17 131 102**	**12 808 371**	**2 027 318**	**2 295 413**
北　　京	68 184	50 871		50 871	17 313		13 222	4 091
天　　津	408 244	330 938	11 627	319 311	77 306	45 548	20 046	11 712
河　　北	1 263 941	922 666	491 999	430 667	341 275	239 595		101 680
山　　西	51 248	50 188		50 188	1 060			1 060
内 蒙 古	147 949	118 031		118 031	29 918			29 918
辽　　宁	5 256 719	3 794 731	2 890 525	904 206	1 461 988	1 076 005	330 295	55 688
吉　　林	190 125	169 468		169 468	20 657			20 657
黑 龙 江	513 534	459 396		459 396	54 138			54 138
上　　海	330 460	157 468		157 468	172 992	19 945	149 649	3 398
江　　苏	5 187 503	4 293 866	935 947	3 357 919	893 637	547 952	19 907	325 778
浙　　江	5 741 734	1 875 392	897 940	977 452	3 866 342	3 242 724	532 666	90 952
安　　徽	2 236 864	1 908 408		1 908 408	328 456			328 456
福　　建	6 958 361	4 631 387	3 794 298	837 089	2 326 974	1 975 062	264 487	87 425
江　　西	2 536 613	2 276 781		2 276 781	259 832			259 832
山　　东	9 037 382	6 263 163	4 799 107	1 464 056	2 774 219	2 297 194	365 042	111 983
河　　南	917 640	868 330		868 330	49 310			49 310
湖　　北	4 333 008	4 124 940		4 124 940	208 068			208 068
湖　　南	2 481 620	2 373 876		2 373 876	107 744			107 744
广　　东	8 363 406	6 675 555	2 943 981	3 731 574	1 687 851	1 493 656	68 370	125 825
广　　西	3 323 956	2 535 968	1 090 975	1 444 993	787 988	650 599	2 787	134 602
海　　南	1 974 357	732 193	270 082	462 111	1 242 164	1 220 091		22 073
重　　庆	443 409	423 076		423 076	20 333			20 333
四　　川	1 326 349	1 266 189		1 266 189	60 160			60 160
贵　　州	209 940	196 040		196 040	13 900			13 900
云　　南	582 013	535 132		535 132	46 881			46 881
西　　藏	340	61		61	279			279
陕　　西	139 320	133 320		133 320	6 000			6 000
甘　　肃	14 476	14 476		14 476				
青　　海	9 037	9 037		9 037				
宁　　夏	162 588	162 244		162 244	344			344
新　　疆	144 007	130 881		130 881	13 126			13 126
中农发集团	260 847				260 847		260 847	

各地区水产品产量(三)

单位:吨

地　　区	2015 年比 2014 年增减(±)							
	总产量	1. 养殖产品小计	a. 海水养殖	b. 淡水养殖	2. 捕捞产品小计	a. 海洋捕捞	b. 远洋渔业	c. 淡水捕捞
全国总计	**2 381 314**	**1 894 940**	**629 796**	**1 265 144**	**486 374**	**339 440**	**164 682**	**-17 748**
北　　京	-2 037	-5 828		-5 828	3 791		3 778	13
天　　津	-7 279	-7 383	-1 084	-6 299	104	1 546	-2 046	604
河　　北	33 136	17 243	14 485	2 758	15 893	10 852	4 000	1 041
山　　西	1 179	1 165		1 165	14			14
内 蒙 古	5 576	6 130		6 130	-554			-554
辽　　宁	56 046	84 224	51 440	32 784	-28 178	31 852	-60 295	265
吉　　林	5 075	6 078		6 078	-1 003			-1 003
黑 龙 江	28 834	25 803		25 803	3 031			3 031
上　　海	-6 091	-6 179		-6 179	88	-2 948	3 351	-315
江　　苏	22 964	2 876	-42 423	45 299	20 088	6 362	14 093	-367
浙　　江	236 607	77 554	35 491	42 063	159 053	124 242	37 334	-2 523
安　　徽	67 397	79 465		79 465	-12 068			-12 068
福　　建	380 608	298 061	247 003	51 058	82 547	28 855	53 513	179
江　　西	105 877	101 665		101 665	4 212			4 212
山　　东	275 311	195 563	196 547	-984	79 748	-14 854	103 958	-9 356
河　　南	106 090	104 270		104 270	1 820			1 820
湖　　北	225 855	242 921		242 921	-17 066			-17 066
湖　　南	112 156	110 961		110 961	1 195			1 195
广　　东	218 817	222 260	88 196	134 064	-3 443	11 470	-13 370	-1 543
广　　西	135 293	129 879	51 191	78 688	5 414	1 429	213	3 772
海　　南	74 555	-67 292	-11 050	-56 242	141 847	140 634		1 213
重　　庆	37 454	37 429		37 429	25			25
四　　川	60 501	61 013		61 013	-512			-512
贵　　州	39 822	39 820		39 820	2			2
云　　南	115 085	103 828		103 828	11 257			11 257
西　　藏								
陕　　西	15 840	14 640		14 640	1 200			1 200
甘　　肃	456	456		456				
青　　海	1 541	1 541		1 541				
宁　　夏	7 139	7 091		7 091	48			48
新　　疆	7 354	9 686		9 686	-2 332			-2 332
中农发集团	20 153				20 153		20 153	

2－2 水产养殖

全国水产养殖产量(按水域和养殖方式分)

单位:吨

指标		2015 年	2014 年	2015 年比 2014 年增减(±)	
				绝对量	幅度(%)
总计		**49 379 012**	**47 484 072**	**1 894 940**	**3.99**
1. 海水养殖		18 756 277	18 126 481	629 796	3.47
按水域分	海上	10 575 116	10 129 603	445 513	4.40
	滩涂	6 021 618	5 955 212	66 406	1.12
	其他	2 159 543	2 041 666	117 877	5.77
养殖方式中	池塘	2 350 782	2 295 836	54 946	2.40
	普通网箱	466 624	437 373	29 251	6.69
	深水网箱	105 731	88 737	16 994	19.15
	筏式	5 191 099	4 969 337	221 762	4.46
	吊笼	1 343 097	1 205 268	137 829	11.44
	底播	5 275 773	5 100 512	175 261	3.44
	工厂化	190 686	170 338	20 348	11.95
2. 淡水养殖		30 622 735	29 357 591	1 265 144	4.31
按水域分	池塘	21 956 885	20 902 594	1 054 291	5.04
	湖泊	1 647 835	1 646 320	1 515	0.09
	水库	3 884 013	3 770 891	113 122	3.00
	河沟	888 695	864 246	24 449	2.83
	其他	687 120	716 821	－29 701	－4.14
	稻田养成鱼	1 558 187	1 456 719	101 468	6.97
养殖方式中	围栏	481 724	487 412	－5 688	－1.17
	网箱	1 379 086	1 391 651	－12 565	－0.90
	工厂化	203 433	197 420	6 013	3.05

全国海水养殖产量(一)

单位:吨

指　　标	2015 年	2014 年	2015 年比 2014 年增减(±)	
			绝对量	幅度(%)
海水养殖	**18 756 277**	**18 126 481**	**629 796**	**3.47**
1. 鱼类	1 307 628	1 189 667	117 961	9.92
其中:鲈鱼	122 542	113 803	8 739	7.68
鲆鱼	131 837	126 397	5 440	4.30
大黄鱼	148 616	127 917	20 699	16.18
军曹鱼	36 867	35 563	1 304	3.67
鰤鱼	20 484	19 272	1 212	6.29
鲷鱼	69 795	59 281	10 514	17.74
美国红鱼	71 697	69 940	1 757	2.51
河鲀	23 372	18 125	5 247	28.95
石斑鱼	100 006	88 130	11 876	13.48
鲽鱼	8 618	9 629	-1 011	-10.50
2. 甲壳类	1 434 917	1 433 763	1 154	0.08
其中:虾	1 161 340	1 162 175	-835	-0.07
其中:南美白对虾	893 182	875 470	17 712	2.02
斑节对虾	75 682	74 869	813	1.09
中国对虾	44 799	48 167	-3 368	-6.99
日本对虾	46 329	47 469	-1 140	-2.40
蟹	273 577	271 588	1 989	0.73
其中:梭子蟹	117 772	118 836	-1 064	-0.90
青蟹	141 040	140 738	302	0.21

全国海水养殖产量(二)

单位:吨

指 标	2015 年	2014 年	2015 年比 2014 年增减(±)	
			绝对量	幅度(%)
3. 贝类	13 583 816	13 165 511	418 305	3.18
其中:牡蛎	4 573 370	4 352 053	221 317	5.09
鲍	127 967	115 397	12 570	10.89
螺	243 017	232 849	10 168	4.37
蚶	364 322	353 388	10 934	3.09
贻贝	845 038	805 583	39 455	4.90
江珧	18 238	17 618	620	3.52
扇贝	1 785 342	1 649 399	135 943	8.24
蛤	4 009 484	3 966 953	42 531	1.07
蛏	793 708	786 828	6 880	0.87
4. 藻类	2 089 153	2 004 576	84 577	4.22
其中:海带	1 411 289	1 361 035	50 254	3.69
裙带菜	192 502	203 099	-10 597	-5.22
紫菜	115 875	114 171	1 704	1.49
江蓠	270 149	262 232	7 917	3.02
麒麟菜	5 005	4 286	719	16.78
石花菜				
羊栖菜	18 905	17 543	1 362	7.76
苔菜	100	100		
5. 其他类	340 763	332 964	7 799	2.34
其中:海参	205 791	200 969	4 822	2.40
海胆(千克)	7 265 586	6 790 857	474 729	6.99
海水珍珠(千克)	3 586	3 727	-141	-3.78
海蜇	78 613	67 532	11 081	16.41

全国淡水养殖产量

单位:吨

指　　标	2015 年	2014 年	2015 年比 2014 年增减(±)	
			绝对量	幅度(%)
淡水养殖	**30 622 735**	**29 357 591**	**1 265 144**	**4.31**
1. 鱼类	27 150 075	26 029 655	1 120 420	4.30
2. 甲壳类	2 690 621	2 559 693	130 928	5.11
其中:虾	1 867 362	1 763 158	104 204	5.91
其中:罗氏沼虾	129 452	127 204	2 248	1.77
青虾	265 061	257 641	7 420	2.88
克氏原螯虾	723 207	659 661	63 546	9.63
南美白对虾	731 461	701 423	30 038	4.28
蟹(河蟹)	823 259	796 535	26 724	3.36
3. 贝类	262 225	251 200	11 025	4.39
其中:河蚌	96 618	92 459	4 159	4.50
螺	111 822	110 393	1 429	1.29
蚬	25 650	24 431	1 219	4.99
4. 藻类(螺旋藻)	8 925	8 553	372	4.35
5. 其他类	510 889	508 490	2 399	0.47
其中:龟	43 487	36 226	7 261	20.04
鳖	341 588	341 288	300	0.09
蛙	86 592	92 993	-6 401	-6.88
珍珠(千克)	1 795 974	1 979 325	-183 351	-9.26
6. 观赏鱼(万尾)	347 332	236 219	111 112	47.04

全国淡水养殖主要鱼类产量

单位:吨

指 标	2015 年	2014 年	2015 年比 2014 年增减(±)	
			绝对量	幅度(%)
青鱼	596 102	557 328	38 774	6.96
草鱼	5 676 235	5 376 803	299 432	5.57
鲢鱼	4 354 638	4 226 009	128 629	3.04
鳙鱼	3 359 440	3 202 887	156 553	4.89
鲤鱼	3 357 962	3 172 433	185 529	5.85
鲫鱼	2 912 258	2 767 910	144 348	5.22
鳊鱼	796 830	783 023	13 807	1.76
泥鳅	366 186	343 130	23 056	6.72
鲶鱼	450 064	450 846	-782	-0.17
鮰鱼	264 965	248 608	16 357	6.58
黄颡鱼	355 725	333 651	22 074	6.62
鲑鱼	14 252	11 023	3 229	29.29
鳟鱼	27 355	28 141	-786	-2.79
河鲀	5 220	4 815	405	8.41
短盖巨脂鲤	108 874	103 815	5 059	4.87
长吻鮠	25 095	24 536	559	2.28
黄鳝	367 547	357 991	9 556	2.67
鳜鱼	298 057	293 853	4 204	1.43
池沼公鱼	13 103	12 129	974	8.03
银鱼	21 261	20 546	715	3.48
鲈鱼	353 081	351 772	1 309	0.37
乌鳢	495 574	510 340	-14 766	-2.89
罗非鱼	1 779 482	1 698 483	80 999	4.77
鲟鱼	90 828	75 920	14 908	19.64
鳗鲡	232 622	218 498	14 124	6.46

各地区海水养殖产量(按品种分)(一)

单位:吨

地　区	海水养殖产量	1. 鱼类	其中					
			鲈鱼	鲆鱼	大黄鱼	军曹鱼	鰤鱼	鲷鱼
全国总计	**18 756 277**	**1 307 628**	**122 542**	**131 837**	**148 616**	**36 867**	**20 484**	**69 795**
天　津	10 543	3 110	100	1 689				55
河　北	506 484	8 811		3 527				
辽　宁	2 941 965	62 058	1 877	37 334			215	5
上　海								
江　苏	893 524	84 756	1 520	6 283				176
浙　江	933 431	35 894	7 946	141	6 512	200	82	3 513
福　建	4 041 301	330 575	27 407	4 270	131 242	263	3 425	31 843
山　东	4 995 654	163 771	17 482	75 641	280			
广　东	3 032 177	492 922	55 400	2 952	10 582	28 260	16 085	26 383
广　西	1 142 166	47 391	7 495			52		5 373
海　南	259 032	78 340	3 315			8 092	677	2 447

各地区海水养殖产量(按品种分)(二)

单位:吨

地　区	1. 鱼类(续)				2. 甲壳类	(1)虾	其　中	
	其中(续)							
	美国红鱼	河鲀	石斑鱼	鲽鱼			南美白对虾	斑节对虾
全国总计	**71 697**	**23 372**	**100 006**	**8 618**	**1 434 917**	**1 161 340**	**893 182**	**75 682**
天　津	52	25	620	8	7 433	7 433	7 413	
河　北		1 792		760	25 848	23 113	13 919	
辽　宁		3 972			28 072	25 975	10 264	
上　海								
江　苏		184	20	2 648	116 612	81 126	27 639	5 659
浙　江	8 010		793	96	91 706	46 980	28 588	572
福　建	17 073	8 312	26 905	531	173 962	105 607	79 920	5 782
山　东	3 727	4 400	400	2 727	134 360	108 633	70 168	1 440
广　东	33 685	4 687	42 601	1 848	484 196	422 732	345 964	49 193
广　西	5 205		1 882		250 340	233 610	223 400	10 026
海　南	3 945		26 785		122 388	106 131	85 907	3 010

各地区海水养殖产量(按品种分)(三)

单位:吨

地 区	2. 甲壳类(续)					3. 贝类
	(1)虾(续)		(2)蟹	其 中		
	其中(续)					
	中国对虾	日本对虾		梭子蟹	青蟹	
全国总计	**44 799**	**46 329**	**273 577**	**117 772**	**141 040**	**13 583 816**
天 津						
河 北	4 700	4 482	2 735	2 713		460 009
辽 宁	11 542	2 950	2 097	1 472		2 364 503
上 海						
江 苏	5 692	825	35 486	31 723	1 968	656 024
浙 江	562	766	44 726	18 053	26 563	753 010
福 建	4 527	11 487	68 355	31 917	32 335	2 610 822
山 东	8 465	20 445	25 727	24 285		3 894 791
广 东	9 311	5 200	61 464	7 609	47 421	1 973 963
广 西		174	16 730		16 730	841 572
海 南			16 257		16 023	29 122

各地区海水养殖产量(按品种分)(四)

单位:吨

地 区	3. 贝类(续)								
	其中								
	牡蛎	鲍	螺	蚶	贻贝	江珧	扇贝	蛤	蛏
全国总计	**4 573 370**	**127 967**	**243 017**	**364 322**	**845 038**	**18 238**	**1 785 342**	**4 009 484**	**793 708**
天 津									
河 北			1 525	25 899	1 045		391 148	37 590	
辽 宁	184 993	3 050		46 371	46 800		415 158	1 245 763	49 061
上 海									
江 苏	42 129		66 206	25 644	47 210		11	344 921	71 352
浙 江	169 867	168	11 025	135 510	103 504		395	62 783	256 527
福 建	1 659 572	100 979	4 554	52 873	88 659		12 848	355 506	249 248
山 东	856 837	15 165	22 612	14 902	460 851		856 400	1 372 907	156 942
广 东	1 147 916	8 482	91 201	56 404	86 091	18 238	104 208	321 363	9 354
广 西	508 684		40 325	3 063	10 878		2 271	259 264	1 224
海 南	3 372	123	5 569	3 656			2 903	9 387	

各地区海水养殖产量(按品种分)(五)

单位:吨

地区	4. 藻类	其中					
		海带	裙带菜	紫菜	江蓠	麒麟菜	石花菜
全国总计	**2 089 153**	**1 411 289**	**192 502**	**115 875**	**270 149**	**5 005**	
天　津							
河　北							
辽　宁	348 289	196 094	152 171				
上　海							
江　苏	28 005	330	6	27 575			
浙　江	48 842	11 587		26 373	700		
福　建	894 083	642 494	658	52 908	154 737		
山　东	665 677	556 264	38 940	690	48 940		
广　东	75 170	4 520	727	8 329	54 904	1 820	
广　西							
海　南	29 087				10 868	3 185	

各地区海水养殖产量(按品种分)(六)

单位:吨

地区	4. 藻类(续)		5. 其他	其中			
	其中(续)						
	羊栖菜	苔菜		海参	海胆(千克)	海水珍珠(千克)	海蜇
全国总计	**18 905**	**100**	**340 763**	**205 791**	**7 265 586**	**3 586**	**78 613**
天　津							
河　北			11 816	9 215			2 443
辽　宁			139 043	70 465	175 802		62 716
上　海							
江　苏			8 127	791			3 626
浙　江	9 330	100	3 979	56			765
福　建	5 450		31 859	24 381			3199
山　东	4 000		137 055	100 643	4 890 000		5 602
广　东	125		5 926	240	2 199 784	2 805	262
广　西			2 863			781	
海　南			95				

各地区海水养殖产量(按水域和养殖方式分)(一)

单位:吨

地 区	海水养殖产量	按养殖水域分			养殖方式中
		1. 海上	2. 滩涂	3. 其他	1. 池塘
全国总计	**18 756 277**	**10 575 116**	**6 021 618**	**2 159 543**	**2 350 782**
天 津	10 543			10 543	7 986
河 北	506 484	419 968	58 065	28 451	34 063
辽 宁	2 941 965	1 841 672	891 800	208 493	201 549
上 海					
江 苏	893 524	208 019	491 622	193 883	280 791
浙 江	933 431	331 084	338 612	263 735	240 652
福 建	4 041 301	2 637 581	1 097 939	305 781	309 920
山 东	4 995 654	3 556 846	1 250 201	188 607	293 035
广 东	3 032 177	1 117 309	1 278 677	636 191	602 030
广 西	1 142 166	384 640	492 782	264 744	216 795
海 南	259 032	77 997	121 920	59 115	163 961

各地区海水养殖产量(按水域和养殖方式分)(二)

单位:吨

地 区	养殖方式中(续)					
	2. 普通网箱	3. 深水网箱	4. 筏式	5. 吊笼	6. 底播	7. 工厂化
全国总计	**466 624**	**105 731**	**5 191 099**	**1 343 097**	**5 275 773**	**190 686**
天 津						2 557
河 北			405 597	397	30 341	10 974
辽 宁	2 949	3 050	881 964	45 501	1 371 059	39 939
上 海						
江 苏		140	95 810	1 849	455 310	13 915
浙 江	21 467	3 965	257 471	4 075	268 817	4 513
福 建	227 218	10 912	1 240 790	158 341	387 519	22 432
山 东	38 620	23 326	1 664 723	1 033 785	1 843 184	84 624
广 东	118 159	18 337	395 762	93 739	675 183	6 953
广 西	31 252	5 219	248 982	2 456	235 162	
海 南	26 959	40 782		2 954	9 198	4 779

各地区淡水养殖产量(按品种分)(一)

单位:吨

地　　区	淡水养殖产量	1. 鱼类	其中				
			青鱼	草鱼	鲢鱼	鳙鱼	鲤鱼
全国总计	**30 622 735**	**27 150 075**	**596 102**	**5 676 235**	**4 354 638**	**3 359 440**	**3 357 962**
北　京	45 043	44 998	938	13 011	4 240	2 191	13 411
天　津	313 012	269 667		30 421	36 476	12 585	120 232
河　北	433 425	402 115	286	73 861	69 055	37 714	155 572
山　西	51 353	50 835	197	16 881	7 614	3 948	15 550
内蒙古	124 161	121 796		15 666	20 425	15 686	48 744
辽　宁	936 990	834 299	1 951	114 522	122 902	68 945	321 295
吉　林	175 546	173 723	1 179	16 989	45 430	34 296	42 681
黑龙江	485 199	480 595		37 584	99 390	42 596	200 270
上　海	151 289	101 094	3 684	25 784	12 725	9 069	623
江　苏	3 403 218	2 531 460	90 466	441 927	484 916	252 248	156 922
浙　江	1 019 515	721 280	46 760	91 838	135 300	100 329	32 453
安　徽	1 987 873	1 635 875	78 202	288 344	304 678	301 887	121 101
福　建	888 147	752 138	14 890	185 123	78 021	68 808	60 088
江　西	2 378 446	2 155 836	53 958	505 007	268 289	371 885	151 040
山　东	1 463 072	1 374 369	14 378	258 438	237 720	149 231	357 065
河　南	972 600	948 552	9 698	150 302	228 318	157 772	277 737
湖　北	4 367 861	3 644 395	116 360	947 413	698 141	448 387	191 201
湖　南	2 484 837	2 393 769	89 078	703 749	437 787	363 557	187 103
广　东	3 865 638	3 517 173	47 319	773 455	239 893	398 591	127 832
广　西	1 523 681	1 483 142	14 147	344 026	259 208	192 785	171 997
海　南	405 869	398 439	1 619	6 906	7 274	11 125	6 050
重　庆	460 505	456 629	1 819	102 480	105 012	43 465	43 122
四　川	1 327 202	1 312 824	1 868	232 296	285 868	152 659	167 489
贵　州	235 860	233 575	712	54 358	21 818	34 475	67 562
云　南	638 960	636 738	5 567	109 337	67 566	47 654	159 549
西　藏	61	61	8				12
陕　西	147 960	141 984	221	36 818	33 248	18 328	40 187
甘　肃	14 932	14 869	797	4 633	1 268	356	4 350
青　海	10 578	10 438		185	118		192
宁　夏	169 335	167 998		48 559	19 214	10 685	73 308
新　疆	140 567	139 409		46 322	22 724	8 183	43 224

各地区淡水养殖产量(按品种分)(二)

单位:吨

地 区	1. 鱼类(续)						
	其中(续)						
	鲫鱼	鳊鲂	泥鳅	鲶鱼	鮰鱼	黄颡鱼	鲑鱼
全国总计	**2 912 258**	**796 830**	**366 186**	**450 064**	**264 965**	**355 725**	**14 252**
北 京	2 494	1 257	60	585	112	94	
天 津	57 817	1 895	1 078	525	526	200	
河 北	34 765	508	2 615	587	39	76	54
山 西	1 407	210	25	266	13		11
内 蒙 古	15 373	680	817	1 716	1	96	
辽 宁	86 622	5 512	17 801	43 581	239	2 560	3 626
吉 林	19 634	1 434	1 657	2 271		1 213	130
黑 龙 江	74 166	845	2 656	4 341	23	2 229	
上 海	38 665	3 981	159	33	48	939	
江 苏	630 935	182 268	63 802	10 355	1 243	26 552	60
浙 江	90 855	30 089	9 291	1 976	887	56 133	50
安 徽	196 064	97 722	36 473	17 955	16 336	27 237	
福 建	35 950	4 782	3 541	10 060	2 503	4 929	35
江 西	208 659	71 435	81 626	57 700	27 267	47 021	218
山 东	146 669	16 001	8 640	27 815	198	2 728	
河 南	57 561	13 862	12 566	14 004	10 713	2 514	
湖 北	478 682	197 412	43 852	41 352	47 931	89 910	
湖 南	196 853	92 623	15 700	34 536	40 572	26 295	
广 东	151 024	27 301	21 129	34 205	15 155	27 202	413
广 西	41 209	1 969	3 460	35 512	12 501	3 353	
海 南	1 338		309	1 306			
重 庆	102 348	5 873	9 581	8 205	7 156	5 289	75
四 川	163 717	34 392	26 697	85 177	63 292	26 164	543
贵 州	7 766	2 142	997	5 396	14 826	1 435	615
云 南	42 564	1 021	886	8 609	1 394	570	353
西 藏	7						22
陕 西	4 889	444	555	817	638	646	21
甘 肃	824	77	3	19	7		311
青 海	170						7 601
宁 夏	12 583	333	196	944	1 090		
新 疆	10 648	762	14	216	255	340	114

各地区淡水养殖产量(按品种分)(三)

单位:吨

地区	1. 鱼类(续)						
	其中(续)						
	鳟鱼	河鲀	短盖巨脂鲤	长吻鮠	黄鳝	鳜鱼	池沼公鱼
全国总计	**27 355**	**5 220**	**108 874**	**25 095**	**367 547**	**298 057**	**13 103**
北京	2 075		36			21	
天津							
河北	2 399		29		6	4	5 253
山西	1 410						4
内蒙古	90						786
辽宁	3 197					2 138	920
吉林	244					218	3 628
黑龙江	356					461	2
上海					8	106	
江苏	1	3 443	8 607	23	6 036	28 164	30
浙江	68		141	872	768	13 791	2
安徽	1	51	4 149	213	42 881	40 065	
福建	323	641	4 060	151	924	1 899	
江西	243		25 047	725	87 384	52 531	
山东	401		1 841		1 578	2 810	
河南	373		774		3 140	552	26
湖北		5	66	1 004	172 166	40 533	
湖南	529		6	138	33 959	20 527	
广东	658	1 080	29 636	8 172	3 079	88 897	
广西	247		32 570	812	1 754	201	
海南			1 718		50		
重庆	867		45	1 203	1 057	757	
四川	1 968		15	10 532	11 646	3 269	
贵州	2 249			1 232	330	616	31
云南	6 060		111	18	424	34	85
西藏	12						
陕西	952		15		357	427	
甘肃	1 716						4
青海							2 172
宁夏						31	
新疆	916		8			5	160

各地区淡水养殖产量(按品种分)(四)

单位:吨

地区	1. 鱼类(续) 其中(续) 银鱼	鲈鱼	乌鳢	罗非鱼	鲟鱼	鳗鲡	2. 甲壳类
全国总计	**21 261**	**353 081**	**495 574**	**1 779 482**	**90 828**	**232 622**	**2 690 621**
北京			22	1 483	2 968		16
天津		800		2 170			42 868
河北	182	194	50	13 566	5 106		26 057
山西	23	23	453	1 187	1 063		121
内蒙古	104		1 190	52			467
辽宁	528	104	3 552	2 278	1 292		92 128
吉林	1 900	27	776		16		1 820
黑龙江	1 180	9	78	26			4 559
上海		368				51	49 686
江苏	50	36 210	31 131	4 082	1 118	6 319	799 544
浙江	321	21 340	48 292	2 024	5 638	3 696	125 316
安徽	2 225	5 853	32 542	4 873	278	3 700	259 415
福建	45	11 076	2 239	135 107	4 468	91 087	76 948
江西	1 757	21 780	62 106	6 934	2 967	16 669	108 829
山东	2 670	601	100 167	8 306	16 648		79 170
河南	2 971	570	2 229	1 206	1 407		16 655
湖北	2 542	3 843	41 142	4 003	9 817	207	652 329
湖南	1 339	1 510	48 313	2 625	6 523		34 773
广东	232	227 940	103 482	741 188	4 025	109 378	301 338
广西	639	765	2 729	308 089	1 061	30	6 376
海南				352 622		1 484	1 495
重庆		1 609	5 470	4 623	1 520		2 017
四川	1 364	12 231	8 977	3 784	6 975		3 933
贵州	227	4 786	259	6 344	5 399		1 192
云南	564	189	71	171 928	9 922	1	696
西藏							
陕西	67	112	145	371	1 726		259
甘肃			1	8	495		44
青海							140
宁夏		251	35		160		1 317
新疆	331	890	123	603	236		1 113

各地区淡水养殖产量(按品种分)(五)

单位:吨

地区	2. 甲壳类(续)						3. 贝类	其中
	(1)虾	其中				(2)蟹(河蟹)		
		罗氏沼虾	青虾	克氏原螯虾	南美白对虾			河蚌
全国总计	**1 867 362**	**129 452**	**265 061**	**723 207**	**731 461**	**823 259**	**262 225**	**96 618**
北京	8		8			8		
天津	41 638		294		41 344	1 230		
河北	22 698		922		21 770	3 359		
山西	71		1	3	67	50		
内蒙古	128		105		20	339		
辽宁	9 897				9 639	82 231	20	20
吉林	493		65			1 327	3	3
黑龙江	348				41	4 211		
上海	37 125	2 841	408	45	33 831	12 561		
江苏	435 010	71 234	120 734	90 079	152 111	364 534	40 605	8 534
浙江	116 938	13 366	20 805	3 124	78 891	8 378	10 631	3 205
安徽	152 306	2 702	50 805	97 238	1 228	107 109	52 226	30 478
福建	75 708	1 436	1 668	198	71 710	1 240	38 766	4 554
江西	90 540	462	27 906	61 714	458	18 289	47 142	14 108
山东	62 213	302	1 940	5 639	54 221	16 957	2 143	959
河南	14 376	1 967	2 396	9 305	708	2 279	181	123
湖北	471 300	759	30 846	433 053	3 229	181 029	27 689	21 899
湖南	28 067	633	3 609	17 543	5 485	6 706	20 033	8 847
广东	294 651	31 606	1 529	21	252 297	6 687	14 279	2 685
广西	5 560	1 699	500	310	2 332	816	3 886	463
海南	1 495				1 290		96	
重庆	1 576	204	5	1 215	135	441	89	3
四川	3 479	87	165	3 141	59	454	3 520	575
贵州	502	25	27	450		690	193	69
云南	591	129	277	117	19	105	678	93
西藏								
陕西	163		2	12	149	96		
甘肃	10					34		
青海						140		
宁夏	140		7		133	1 177		
新疆	331		37		294	782	45	

各地区淡水养殖产量(按品种分)(六)

单位:吨

地区	3. 贝类(续) 其中(续)		4. 藻类(螺旋藻)	5. 其他类	其中				6. 观赏鱼(万尾)
	螺	蚬			龟	鳖	蛙	珍珠(千克)	
全国总计	**111 822**	**25 650**	**8 925**	**510 889**	**43 487**	**341 588**	**86 592**	**1 795 974**	**347 332**
北京				29		29			35 362
天津				477	7	470			36 798
河北				5 253		5 130			5 097
山西				397		397			316
内蒙古			1 842	56					13
辽宁				10 543			10 543		38
吉林									12 000
黑龙江				45					
上海				509	78	304	38		39 503
江苏	26 571	5 235	1 072	30 537	1 765	24 648	1 748	193 000	79 607
浙江	6 955	167	114	162 174	16 951	133 281	7 676	871	8 313
安徽	19 821	1 927		40 357	5 659	27 953	5 287	311 740	8 767
福建	3 669	10 812	906	19 389	640	6 956	10 030	10 000	2 948
江西	27 869	3 935	3 415	63 224	5 556	28 586	26 914	968 000	7
山东	799	310		7 390		7 299	1		24 788
河南	47	11	189	7 023	119	6 862	42		25 257
湖北	5 687	103		43 448	3 545	38 063	1 710	100 004	309
湖南	10 065	280		36 262	2 013	21 114	9 373	212 359	534
广东	3 613	2 623	19	32 829	3 986	11 205	4 472		24 189
广西	3 063	246	81	30 196	2 742	24 245	721		66
海南	96		800	5 039	300	482	3 346		950
重庆	86			1 770	3	701	986		21 181
四川	2 728			6 925	113	2 144	3 618		7 026
贵州	123	1		900		869	31		650
云南	585		487	361	4	42	56		9 299
西藏									
陕西				5 717	6	769			3 847
甘肃				19		19			
青海									
宁夏				20		20			423
新疆	45								44

各地区淡水养殖产量(按水域和养殖方式分)(一)

单位:吨

地　　区	淡水养殖产量	按水域分			
		1. 池塘	2. 湖泊	3. 水库	4. 河沟
全国总计	**30 622 735**	**21 956 885**	**1 647 835**	**3 884 013**	**888 695**
北　　京	45 043	39 728			
天　　津	313 012	301 163		5 694	2 452
河　　北	433 425	311 488	7 425	103 062	4 516
山　　西	51 353	34 400	2 114	14 551	94
内 蒙 古	124 161	70 963	22 946	27 608	2 170
辽　　宁	936 990	702 201	35	127 583	9 662
吉　　林	175 546	75 197	25 617	69 344	510
黑 龙 江	485 199	342 419	43 514	60 013	23 273
上　　海	151 289	144 774	680		5 285
江　　苏	3 403 218	2 576 807	199 421	80 546	231 458
浙　　江	1 019 515	456 722	5 153	89 013	73 517
安　　徽	1 987 873	1 197 595	372 014	170 050	118 590
福　　建	888 147	609 050	5 147	185 204	43 265
江　　西	2 378 446	1 331 549	334 853	526 144	75 724
山　　东	1 463 072	1 099 506	71 278	239 593	15 822
河　　南	972 600	754 837	9 730	139 641	19 659
湖　　北	4 367 861	3 556 310	326 977	199 361	15 036
湖　　南	2 484 837	1 896 836	134 434	275 151	26 604
广　　东	3 865 638	3 532 236	11 710	245 319	17 130
广　　西	1 523 681	853 683		509 058	102 083
海　　南	405 869	313 536	700	87 464	302
重　　庆	460 505	406 580		36 115	7 886
四　　川	1 327 202	673 880	966	234 851	77 233
贵　　州	235 860	21 828	1 506	147 536	4 087
云　　南	638 960	337 344	7 798	240 288	4 977
西　　藏	61	61			
陕　　西	147 960	88 196	3 179	38 196	2 471
甘　　肃	14 932	11 046	87	2 805	8
青　　海	10 578	270	535	9 773	
宁　　夏	169 335	107 105	59 197	1 641	695
新　　疆	140 567	109 575	819	18 409	4 186

各地区淡水养殖产量(按水域和养殖方式分)(二)

单位:吨

地区	按水域分(续)		养殖方式中		
	5. 其他	6. 稻田	1. 围栏	2. 网箱	3. 工厂化
全国总计	**687 120**	**1 558 187**	**481 724**	**1 379 086**	**203 433**
北 京	5 314	1			1 980
天 津	3 265	438			650
河 北	6 479	455	507	69 597	5 046
山 西	54	140	140	1 737	3
内蒙古		474	1 259	657	245
辽 宁	44 420	53 089	1 550	53 836	1 967
吉 林	3 379	1 499	982	885	80
黑龙江	11 663	4 317	171	1 630	50
上 海	440	110			50
江 苏	117 110	197 876	44 441	78 049	13 983
浙 江	55 924	339 186	7 385	15 253	61 852
安 徽	46 555	83 069	208 894	96 445	8 344
福 建	29 943	15 538	1 525	24 342	44 789
江 西	42 084	68 092	45 420	81 473	12 557
山 东	34 376	2 497	24 802	68 210	27 749
河 南	47 386	1 347	5 506	54 987	2 759
湖 北	13 566	256 611	88 076	190 543	3 011
湖 南	70 424	81 388	30 945	128 796	720
广 东	56 803	2 440	3 145	5 643	864
广 西	41 957	16 900	11 899	198 031	
海 南	3 867		96	856	600
重 庆	1 592	8 332	1 163	833	559
四 川	9 316	330 956		44 100	82
贵 州	16 926	43 977	988	129 269	2 181
云 南		48 553	499	102 989	12 091
西 藏					
陕 西	15 744	174	2 331	22 882	505
甘 肃	985	1		126	572
青 海				7 601	
宁 夏		697			
新 疆	7 548	30		316	144

2－3　国内捕捞

全国海洋捕捞产量

单位：吨

指　　标	2015 年	2014 年	2015 年比 2014 年增减（±）	
			绝对量	幅度（%）
海洋捕捞产量	**13 147 811**	**12 808 371**	**339 440**	**2.65**
1. 鱼类	9 053 722	8 807 901	245 821	2.79
2. 甲壳类	2 427 918	2 395 699	32 219	1.34
其中：虾	1 584 043	1 531 025	53 018	3.46
其中：毛虾	532 262	53 8011	－5 749	－1.07
对虾	158 392	140 286	18 106	12.91
鹰爪虾	366 120	319 045	47 075	14.75
虾蛄	294 192	292 796	1 396	0.48
蟹	843 875	864 674	－20 799	－2.41
其中：梭子蟹	542 337	577 994	－35 657	－6.17
青蟹	83 766	83 877	－111	－0.13
蟳	58 392	59 812	－1 420	－2.37
3. 贝类	555 970	551 607	4 363	0.79
4. 藻类	25 811	24 299	1 512	6.22
5. 头足类	699 842	676 715	23 127	3.42
其中：乌贼	147 647	137 211	10 436	7.61
鱿鱼	380 105	374 727	5 378	1.44
章鱼	130 245	121 352	8 893	7.33
6. 其他类	384 548	352 150	32 398	9.20
其中：海蜇	196 705	196 174	531	0.27

全国海洋捕捞主要鱼类产量

单位:吨

指 标	2015 年	2014 年	2015 年比 2014 年增减(±)	
			绝对量	幅度(%)
海鳗	387 238	381 665	5 573	1.46
鳓鱼	85 128	80 448	4 680	5.82
鳀鱼	955 750	926 462	29 288	3.16
沙丁鱼	146 232	151 047	-4 815	-3.19
鲱鱼	15 303	15 809	-506	-3.20
石斑鱼	117 593	113 096	4 497	3.98
鲷	170 824	172 947	-2 123	-1.23
蓝圆鲹	587 180	602 259	-15 079	-2.50
白姑鱼	108 461	109 471	-1 010	-0.92
黄姑鱼	74 627	73 464	1 163	1.58
鮸鱼	65 387	70 033	-4 646	-6.63
大黄鱼	104 560	95 515	9 045	9.47
小黄鱼	378 335	342 725	35 610	10.39
梅童鱼	298 948	299 016	-68	-0.02
方头鱼	43 514	42 150	1 364	3.24
玉筋鱼	117 597	117 038	559	0.48
带鱼	1 105 713	1 084 184	21 529	1.99
金线鱼	400 604	411 263	-10 659	-2.59
梭鱼	158 964	154 863	4 101	2.65
鲐鱼	471 211	480 425	-9 214	-1.92
鲅鱼	428 517	428475	42	0.01
金枪鱼	47 234	44 352	2 882	6.50
鲳鱼	346 497	329 936	16 561	5.02
马面鲀	187 987	192 330	-4 343	-2.26
竹荚鱼	38 182	38 253	-71	-0.19
鲻鱼	126 733	118 682	8 051	6.78

全国海洋捕捞产量(按海域、渔具分)

单位:吨

指　　标		2015 年	2014 年	2015 年比 2014 年增减(±)	
				绝对量	幅度(%)
合计		**13 147 811**	**12 808 371**	**339 440**	**2.65**
按捕捞海域分	渤海	1 039 627	1 023 741	15 886	1.55
	黄海	3 350 841	3 315 958	34 883	1.05
	东海	4 999 644	4 898 709	100 935	2.06
	南海	3 757 699	3 569 963	187 736	5.26
按捕捞渔具分	拖网	6 208 928	6 118 041	90 887	1.49
	围网	1 036 603	1 015 444	21 159	2.08
	刺网	2 950 556	2 865 252	85 304	2.98
	张网	1 585 462	1 596 455	- 10 993	-0.69
	钓具	401 546	384 343	17 203	4.48
	其他渔具	964 716	828 836	135 880	16.39

全国淡水捕捞产量

单位:吨

指　　标	2015 年	2014 年	2015 年比 2014 年增减(±)	
			绝对量	幅度(%)
淡水捕捞产量	**2 277 665**	**2 295 413**	**- 17 748**	**-0.77**
1. 鱼类	1 682 968	1 673 452	9 516	0.57
2. 甲壳类	310 986	327 704	- 16 718	-5.10
其中:虾	258 399	275 353	- 16 954	-6.16
蟹	52 587	52 351	236	0.45
3. 贝类	254 084	263 297	-9 213	-3.50
4. 藻类	366	256	110	42.97
5. 其他类	29 261	30 704	- 1 443	-4.70
其中:丰年虫	344	526	- 182	-34.60

各地区海洋捕捞产量(按品种分)(一)

单位:吨

地　区	海洋捕捞产量	1. 鱼类	其中				
			海鳗	鳓鱼	鳀鱼	沙丁鱼	鲱鱼
全国总计	**13 147 811**	**9 053 722**	**387 238**	**85 128**	**955 750**	**146 232**	**15 303**
天　津	47 094	42 718			33 848		
河　北	250 447	145 161			56 752		
辽　宁	1 107 857	666 228	895	529	97 102	5 950	15
上　海	16 997	8 269	223	36			
江　苏	554 314	303 969	8 111	2 450	2 764	344	30
浙　江	3 366 966	2 223 070	88 126	13 146	73 001	15 775	2 766
福　建	2 003 917	1 464 260	70 850	14 404	78 807	13 877	3 848
山　东	2 282 340	1 607 264	25 871	20	564 678	6 790	
广　东	1 505 126	1 085 693	86 237	28 020	31 016	66 259	3 983
广　西	652 028	363 182	13 930	22 566		12 766	951
海　南	1 360 725	1 143 908	92 995	3 957	17 782	24 471	3 710

各地区海洋捕捞产量(按品种分)(二)

单位:吨

地　区	1. 鱼类(续)							
	其中(续)							
	石斑鱼	鲷	蓝圆鲹	白姑鱼	黄姑鱼	鮸鱼	大黄鱼	小黄鱼
全国总计	**117 593**	**170 824**	**587 180**	**108 461**	**74 627**	**65 387**	**104 560**	**378 335**
天　津								4 433
河　北	28			130	293	19	1 613	10 750
辽　宁	2 952	12		1 238	3 090	482	54 512	123 101
上　海					39	12	16	259
江　苏	15	121	23	4 064	7 776	2 166	488	29 557
浙　江	1 471	5 726	77 552	49 388	35 460	39 651	446	104 013
福　建	18 434	60 424	268 480	10 009	8 966	9 600	3 873	9 751
山　东		55		14 029	7 153	711	1 995	56 449
广　东	38 407	45 056	104 544	23 363	5 417	5 648	25 576	25 662
广　西	6 031	26 878	72 712	1 463	76	816		
海　南	50 255	32 552	63 869	4 777	6 357	6 282	16 041	14 360

各地区海洋捕捞产量(按品种分)(三)

单位:吨

地区	1. 鱼类(续)							
	其中(续)							
	梅童鱼	方头鱼	玉筋鱼	带鱼	金线鱼	梭鱼	鲐鱼	鲅鱼
全国总计	**298 948**	**43 514**	**117 597**	**1 105 713**	**400 604**	**158 964**	**471 211**	**428 517**
天　津				391		334	709	1 278
河　北	306		152	5 722		11 464	6 177	14 279
辽　宁	7 047	75	5 076	14 432	52	22 877	37 217	74 946
上　海	335			304			5	93
江　苏	76 771	186	1 041	55 341		9 487	5 926	8 861
浙　江	185 389	16 736	29 219	438 756	3 512	6 259	175 283	77 067
福　建	21 365	4 910	19 729	173 071	10 163	17 033	126 155	49 949
山　东	560		43 762	62 458		34 820	58 064	165 151
广　东	3 883	8 905	2 754	157 920	89 725	25 470	32 963	29 141
广　西		44		31 174	35 214	10 515	13 529	2 169
海　南	3 292	12 658	15 864	166 144	261 938	20 705	15 183	5 583

各地区海洋捕捞产量(按品种分)(四)

单位:吨

地区	1. 鱼类(续)					2. 甲壳类		
	其中(续)						(1)虾	其中
	金枪鱼	鲳鱼	马面鲀	竹荚鱼	鲻鱼			毛虾
全国总计	**47 234**	**346 497**	**187 987**	**38 182**	**126 733**	**2 427 918**	**1 584 043**	**532 262**
天　津						1 286	894	91
河　北		3 134	26		6 606	51 892	37 605	10 209
辽　宁		4 793	717	48	9 262	213 112	141 148	37 417
上　海	2	114		14		8 459	1 444	
江　苏		34 795	1 329		11 682	158 727	51 476	26 539
浙　江	5 931	92 639	23 635	1 250	30 452	947 699	676 054	227 989
福　建	3 800	64 128	64 042	10 914	22 631	349 330	198 429	60 863
山　东		20 088	2 711	10	420	259 246	211 478	83 258
广　东	19 445	66 921	46 139	5 787	23 415	236 173	155 479	42 357
广　西		12 008	28 923	418	8 504	130 871	73 260	29 561
海　南	18 056	47 877	20 465	19 741	13 761	71 123	36 776	13 978

各地区海洋捕捞产量(按品种分)(五)

单位:吨

地 区	2. 甲壳类(续)						
	(1)虾(续)			(2)蟹			
	其中(续)				其 中		
	对虾	鹰爪虾	虾蛄		梭子蟹	青蟹	蟳
全国总计	**158 392**	**366 120**	**294 192**	**843 875**	**542 337**	**83 766**	**58 392**
天 津	79		546	392	262		
河 北	2 862	2 602	18 501	14 287	9 481	15	576
辽 宁	5 537	9 490	65 873	71 964	28 680	3 594	24 396
上 海	31	807		7 015	5 074		
江 苏	2 579	9 756	8 719	107 251	96 979	1 936	3 075
浙 江	23 057	242 150	74 613	271 645	184 699	4 067	13 438
福 建	28 563	48 642	36 041	150 901	101 743	16 802	6 494
山 东	6 839	25 882	56 452	47 768	29 251	133	3 867
广 东	53 676	13 887	24 083	80 694	44 541	27 382	3 849
广 西	19 236	8 349	7 518	57 611	31 417	11 508	2 063
海 南	15 933	4 555	1 846	34 347	10 210	18 329	634

各地区海洋捕捞产量(按品种分)(六)

单位:吨

地 区	3. 贝类	4. 藻类	5. 头足类	其 中			6. 其他类	其 中
				乌贼	鱿鱼	章鱼		海蜇
全国总计	**555 970**	**25 811**	**699 842**	**147 647**	**380 105**	**130 245**	**384 548**	**196 705**
天 津	2 500		560	30	408	122	30	30
河 北	22 168		11 422	1 391	1 433	7 068	19 804	12 304
辽 宁	85 788	206	60 240	13 246	33 065	7 461	82 283	18 022
上 海	5		115	20	68	27	149	44
江 苏	48 233	1 267	15 554	2 231	8 474	4 351	26 564	15 492
浙 江	16 961	2 621	147 435	28 676	84 044	32 306	29 180	3 981
福 建	50 511	2 708	121 345	34 636	61 627	17 289	15 763	12 676
山 东	166 688	1 710	124 275	10 584	72 824	32 485	123 157	77 718
广 东	58 938	7 807	78 867	19 125	33 503	15 068	37 648	15 491
广 西	58 308		51 520	18 230	25 703	7 138	48 147	39 667
海 南	45 870	9 492	88 509	19 478	58 956	6 930	1 823	1 280

各地区海洋捕捞产量(按海域分)

单位:吨

地　　区	海洋捕捞产量	按捕捞海域分			
		1. 渤海	2. 黄海	3. 东海	4. 南海
全国总计	**13 147 811**	**1 039 627**	**3 350 841**	**4 999 644**	**3 757 699**
天　　津	47 094	10 433	36 661		
河　　北	250 447	194 349	56 098		
辽　　宁	1 107 857	437 826	648 188	21 843	
上　　海	16 997			16 997	
江　　苏	554 314	461	493 177	60 676	
浙　　江	3 366 966		230 935	3 109 699	26 332
福　　建	2 003 917			1 790 429	213 488
山　　东	2 282 340	396 558	1 885 782		
广　　东	1 505 126				1 505 126
广　　西	652 028				652 028
海　　南	1 360 725				1 360 725

各地区海洋捕捞产量(按渔具分)

单位:吨

地　　区	海洋捕捞产量	按捕捞渔具分					
		1. 拖网	2. 围网	3. 刺网	4. 张网	5. 钓具	6. 其他
全国总计	**13 147 811**	**6 208 928**	**1 036 603**	**2 950 556**	**1 585 462**	**401 546**	**964 716**
天　　津	47 094	35 932	1 040	8 558	265		1 299
河　　北	250 447	65 427	2 021	115 235	47 761	70	19 933
辽　　宁	1 107 857	450 072		471 035	95 362	20 813	70 575
上　　海	16 997	14 237		1 010	1 750		
江　　苏	554 314	74 543	4 649	162 697	224 350	226	87 849
浙　　江	3 366 966	2 039 172	195 112	296 116	646 924	33 418	156 224
福　　建	2 003 917	770 590	294 549	304 760	347 101	43 927	242 990
山　　东	2 282 340	1 389 331	32 082	396 586	180 360	77 683	206 298
广　　东	1 505 126	762 357	146 104	442 469	7 662	89 358	57 176
广　　西	652 028	425 367	60 445	84 709	184	7 308	74 015
海　　南	1 360 725	181 900	300 601	667 381	33 743	128 743	48 357

各地区淡水捕捞产量(按品种分)

单位:吨

地 区	淡水捕捞产量	1. 鱼类	2. 甲壳类	虾	蟹	3. 贝类	4. 藻类	5. 其他类	其中:丰年虫
全国总计	**2 277 665**	**1 682 968**	**310 986**	**258 399**	**52 587**	**254 084**	**366**	**29 261**	**344**
北 京	4 104	4 067	20		20			17	
天 津	12 316	10 001	787	751	36	558		970	
河 北	102 721	93 132	4 903	4 191	712	3 818		868	
山 西	1 074	1 015	9	7	2			50	50
内 蒙 古	29 364	28 671	603	595	8			90	67
辽 宁	55 953	47 164	7 357	2 527	4 830	440		992	
吉 林	19 654	18 675	532	520	12	447			
黑 龙 江	57 169	56 557	249	249		357		6	
上 海	3 083	3 028	21	20	1			34	
江 苏	325 411	193 235	56 795	41 757	15 038	70 886	310	4 185	
浙 江	88 429	58 921	8 060	6 522	1 538	19 713	26	1 709	
安 徽	316 388	206 356	67 544	58 120	9 424	36 118		6 370	
福 建	87 604	59 629	6 621	5 183	1 438	20 174	5	1 175	
江 西	264 044	181 275	47 852	45 591	2 261	31 039	23	3 855	
山 东	102 627	87 213	10 530	6 505	4 025	4 355		529	14
河 南	51 130	41 735	8 457	7 911	546	889		49	
湖 北	191 002	134 439	44 285	39 435	4 850	9 115		3 163	
湖 南	108 939	89 809	12 450	11 324	1 126	5 301		1 379	
广 东	124 282	77 630	12 136	8 605	3 531	33 607		909	5
广 西	138 374	114 385	9 195	7 720	1 475	13 053		1 741	
海 南	23 286	20 362	1 100	745	355	1 737		87	
重 庆	20 358	18 595	1 396	1 152	244	367			
四 川	59 648	54 725	4 070	3 584	486	649		204	
贵 州	13 902	12 160	1 567	1 403	164	134		41	
云 南	58 138	52 347	4 026	3 864	162	1 322	1	442	
西 藏	279	216						63	63
陕 西	7 200	6 885	118	107	11	5	1	191	3
甘 肃									
青 海									
宁 夏	392	380	12		12				
新 疆	10 794	10 361	291	11	280			142	142

2-4 远洋渔业

各地区远洋渔业

单位:吨,万元

地区	远洋捕捞产量	运回国内量	境外出售量	远洋渔业总产值	2015年比2014年增减(±)			
					远洋捕捞产量	运回国内量	境外出售量	远洋渔业总产值
全国总计	**2 192 000**	**1 406 158**	**785 842**	**2 065 000**	**164 682**	**62 831**	**101 851**	**216 444**
北京	17 000	15 500	1 500	13 000	3 778	5 595	-1 817	2 100
天津	18 000	12 700	5 300	14 000	-2 046	-3 006	960	408
河北	4 000	510	3 490	3 000	4 000	510	3 490	3 000
辽宁	270 000	89 784	180 216	268 000	-60 295	-106 534	46 239	65 695
上海	153 000	88 300	64 700	163 000	3 351	16 077	-12 726	25 925
江苏	34 000	23 100	10 900	30 000	14 093	12 925	1 168	10 912
浙江	570 000	531 700	38 300	422 000	37 334	69 881	-32 547	10 276
福建	318 000	143 664	174 336	315 000	53 513	-39 742	93 255	-18 277
山东	469 000	292 600	176 400	509 000	103 958	85 998	17 960	186 616
广东	55 000	15 700	39 300	96 000	-13 370	-5 859	-7 511	-10 169
广西	3 000		3 000	4 000	213		213	870
海南								
中农发集团	281 000	192 600	88 400	228 000	20 153	26 986	-6 833	-60 912

第三部分

生产要素

3-1 水产养殖面积

全国水产养殖面积(按水域和养殖方式分)

单位:公顷

指标		2015 年	2014 年	2015 年比 2014 年增减(±)	
				绝对量	幅度(%)
总计		**8 465 004**	**8 386 360**	**78 644**	**0.94**
1. 海水养殖		2 317 763	2 305 472	12 291	0.53
按水域分	海上	1 355 399	1 347 034	8 365	0.62
	滩涂	653 843	674 628	-20 785	-3.08
	其他	308 521	283 810	24 711	8.71
养殖方式中	池塘	455 029	456 923	-1 894	-0.41
	普通网箱(米^2)	53 438 913	53 971 270	-532 357	-0.99
	深水网箱(米^3)	9 361 034	6 055 773	3 305 261	54.58
	筏式	316 250	331 610	-15 360	-4.63
	吊笼	135 609	113 399	22 210	19.59
	底播	1 098 625	1 130 381	-31 756	-2.81
	工厂化(米^3)	26 937 288	25 645 110	1 292 178	5.04
2. 淡水养殖		6 147 241	6 080 888	66 353	1.09
按水域分	池塘	2 701 222	2 661 901	39 321	1.48
	湖泊	1 022 350	1 015 327	7 023	0.69
	水库	2 012 411	1 994 819	17 592	0.88
	河沟	277 102	274 965	2 137	0.78
	其他	134 156	133 876	280	0.21
	稻田养成鱼	1 501 629	1 489 501	12 128	0.81
养殖方式中	围栏(米^2)	2 353 708 951	2 421 009 884	-67 300 933	-2.78
	网箱(米^2)	147 376 140	142 116 554	5 259 586	3.70
	工厂化(米^3)	33 155 985	32 675 043	480 942	1.47

全国海水养殖面积(按品种分)

单位:公顷

指　　标	2015 年	2014 年	2015 年比 2014 年增减(±)	
			绝对量	幅度(%)
海水养殖	**2 317 763**	**2 305 472**	**12 291**	**0.53**
1. 鱼类	84 049	80 588	3 461	4.29
2. 甲壳类	314 217	305 584	8 633	2.83
其中:虾	258 381	249 383	8 998	3.61
其中:南美白对虾	173 058	163 844	9 214	5.62
斑节对虾	14 514	14 413	101	0.70
中国对虾	24 693	21 916	2 777	12.67
日本对虾	21 753	19 708	2 045	10.38
蟹	55 836	56 201	-365	-0.65
其中:梭子蟹	27 877	27 307	570	2.09
青蟹	25 272	26 448	-1 176	-4.45
3. 贝类	1 526 644	1 530 414	-3 770	-0.25
其中:牡蛎	141 488	133 353	8 135	6.10
鲍	13 672	13 334	338	2.53
螺	40 107	39 559	548	1.39
蚶	49 059	56 528	-7 469	-13.21
贻贝	43 660	43 906	-246	-0.56
江珧	993	1 043	-50	-4.79
扇贝	651 036	639 942	11 094	1.73
蛤	425 805	404 983	20 822	5.14
蛏	59 967	60 418	-451	-0.75
4. 藻类	130 564	124 990	5 574	4.46
其中:海带	43 619	39 901	3 718	9.32
裙带菜	6 908	7 693	-785	-10.20
紫菜	65 766	64 152	1 614	2.52
江蓠	9 912	9 697	215	2.22
麒麟菜	402	398	4	1.01
石花菜				
羊栖菜	1 277	1 379	-102	-7.40
苔菜	38	39	-1	-2.56
5. 其他类	262 289	263 896	-1 607	-0.61
其中:海参	216 508	214 180	2 328	1.09
海胆	15 981	15 417	564	3.66
海水珍珠	3 108	3 036	72	2.37
海蜇	16 420	14 129	2 291	16.21

各地区水产养殖面积(一)

单位:公顷

地区	2015 年				2014 年				2015 年比 2014 年增减(±)			
	总面积	海水养殖面积	淡水养殖面积	池塘	总面积	海水养殖面积	淡水养殖面积	池塘	总面积	海水养殖面积	淡水养殖面积	池塘
全国总计	**8 465 004**	**2 317 763**	**6 147 241**	**2 701 222**	**8 386 360**	**2 305 472**	**6 080 888**	**2 661 901**	**78 644**	**12 291**	**66 353**	**39 321**
北京	3 633		3 633	3 563	3 924		3 924	3 850	-291		-291	-287
天津	39 850	3 165	36 685	31 848	40 560	3 180	37 380	31 991	-710	-15	-695	-143
河北	193 954	117 533	76 421	29 783	201 018	122 434	78 584	31 306	-7 064	-4 901	-2 163	-1 523
山西	15 715		15 715	2 816	15 814		15 814	2 779	-99		-99	37
内蒙古	119 575		119 575	18 572	118 580		118 580	18 419	995		995	153
辽宁	1 152 153	933 068	219 085	48 307	1 145 399	928 503	216 896	48 870	6 754	4 565	2 189	-563
吉林	316 855		316 855	31 076	313 090		313 090	28 817	3 765		3 765	2 259
黑龙江	388 783		388 783	105 124	376 238		376 238	105 452	12 545		12 545	-328
上海	19 392		19 392	17 468	20 461		20 461	18 344	-1 069		-1 069	-876
江苏	753 437	181 829	571 608	385 450	761 040	188 657	572 383	381 088	-7 603	-6 828	-775	4 362
浙江	298 946	85 881	213 065	74 719	298 065	88 178	209 887	72 838	881	-2 297	3 178	1 881
安徽	580 197		580 197	218 620	575 907		575 907	215 250	4 290		4 290	3 370
福建	267 947	166 075	101 872	40 761	261 881	161 418	100 463	39 608	6 066	4 657	1 409	1 153
江西	437 528		437 528	158 813	435 324		435 324	157 119	2 204		2 204	1 694
山东	846 151	563 198	282 953	149 205	835 108	548 487	286 621	151 694	11 043	14 711	-3 668	-2 489

各地区水产养殖面积(二)

单位:公顷

地区	2015 年				2014 年				2015 年比 2014 年增减(±)			
	总面积	海水养殖面积	淡水养殖面积	池塘	总面积	海水养殖面积	淡水养殖面积	池塘	总面积	海水养殖面积	淡水养殖面积	池塘
河南	276 575		276 575	116 810	269 695		269 695	113 643	6 880		6 880	3 167
湖北	688 667		688 667	390 605	688 000		688 000	384 405	667		667	6 200
湖南	467 749		467 749	244 009	454 346		454 346	232 901	13 403		13 403	11 108
广东	565 678	194 861	370 817	278 291	564 989	193 691	371 298	278 019	689	1 170	-481	272
广西	239 150	55 015	184 135	81 913	236 163	54 233	181 930	80 101	2 987	782	2 205	1 812
海南	54 728	17 138	37 590	24 171	53 914	16 691	37 223	22 983	814	447	367	1 188
重庆	96 675		96 675	56 171	93 602		93 602	53 813	3 073		3 073	2 358
四川	211 476		211 476	105 898	199 446		199 446	103 576	12 030		12 030	2 322
贵州	59 893		59 893	6 141	58 883		58 883	5 427	1 010		1 010	714
云南	142 226		142 226	36 845	138 490		138 490	36 947	3 736		3 736	-102
西藏	31		31	31	31		31	31				
陕西	50 633		50 633	12 172	50 512		50 512	11 785	121		121	387
甘肃	15 477		15 477	2 489	14 373		14 373	2 300	1 104		1 104	189
青海	42 431		42 431	318	42 431		42 431	318				
宁夏	46 809		46 809	17 333	46 669		46 669	16 304	140		140	1 029
新疆	72 690		72 690	11 900	72 407		72 407	11 923	283		283	-23

各地区海水养殖面积(按品种分)(一)

单位:公顷

地 区	海水养殖面积	1. 鱼类	2. 甲壳类	虾				
					其 中			
					南美白对虾	斑节对虾	中国对虾	日本对虾
全国总计	**2 317 763**	**84 049**	**314 217**	**258 381**	**173 058**	**14 514**	**24 693**	**21 753**
天 津	3 165	109	3 056	3 056	3 056			
河 北	117 533	686	26 420	25 036	13 001		6 476	5 455
辽 宁	933 068	8 140	19 352	18 453	3 455		10 121	4 253
上 海								
江 苏	181 829	9 823	23 551	14 205	3 928	811	1 654	144
浙 江	85 881	3 004	29 464	15 278	9 208	143	193	569
福 建	166 075	15 375	26 222	16 052	9 805	1 534	1 159	3 063
山 东	563 198	10 098	84 289	76 220	58 326	1 768	3 306	6 838
广 东	194 861	30 969	70 124	60 865	46 041	8 553	1 784	1 142
广 西	55 015	1 203	22 646	21 298	19 637	1 372		289
海 南	17 138	4 642	9 093	7 918	6 601	333		

各地区海水养殖面积(按品种分)(二)

单位:公顷

地 区	2. 甲壳类(续)			3. 贝类					
	蟹	其 中			其 中				
		梭子蟹	青蟹		牡蛎	鲍	螺	蚶	贻贝
全国总计	**55 836**	**27 877**	**25 272**	**1 526 644**	**141 488**	**13 672**	**40 107**	**49 059**	**43 660**
天 津									
河 北	1 384	1 331		83 277			964	9 229	445
辽 宁	899	899		748 475	15 845	2 029		18 760	3 408
上 海									
江 苏	9 346	9 270	76	107 251	3 770		17 995	3 362	3 308
浙 江	14 186	3 839	10 214	41 004	4 687	50	3 037	7 910	1 612
福 建	10 170	5 131	4 688	79 553	37 659	5 090	493	3 543	1 590
山 东	8 069	6 831		349 713	29 653	5 754	8 330	2 808	29 601
广 东	9 259	576	7 833	85 169	32 199	732	6 158	2 850	3 521
广 西	1 348		1 348	29 661	17 395		3 088	198	175
海 南	1 175		1 113	2 541	280	17	42	399	

各地区海水养殖面积(按品种分)(三)

单位:公顷

地区	3. 贝类(续)				4. 藻类				
	其中(续)					其中			
	江珧	扇贝	蛤	蛏		海带	裙带菜	紫菜	江蓠
全国总计	**993**	**651 036**	**425 805**	**59 967**	**130 564**	**43 619**	**6 908**	**65 766**	**9 912**
天津									
河北		53 993	14 590						
辽宁		474 130	160 298	4 305	12 234	6 571	5 653		
上海									
江苏		2	67 338	7 089	40 221	600	3	39 618	
浙江		87	5 772	16 086	11 805	910		9 966	22
福建		668	14 582	14 292	41 614	18 429	12	15 216	6 543
山东		114 593	134 041	16 184	20 926	17 014	1 230	170	1 116
广东	993	7 015	21 315	1 911	2 952	95	10	796	1 792
广西		184	6 535	100					
海南		364	1 334		812				439

各地区海水养殖面积(按品种分)(四)

单位:公顷

地区	4. 藻类(续)				5. 其他				
	其中(续)					其中			
	麒麟菜	石花菜	羊栖菜	苔菜		海参	海胆 千克	海水珍珠 千克	海蜇
全国总计	**402**		**1 277**	**38**	**262 289**	**216 508**	**15 981**	**3 108**	**16 420**
天津									
河北					7 150	7 079			25
辽宁					144 867	120 567	8 016		13 484
上海									
江苏					983	811			128
浙江			822	38	604	5			390
福建			350		3 311	1 738			1 422
山东			68		98 172	86 022	5 216		945
广东	40		37		5 647	286	2 749	2 236	26
广西					1 505			872	
海南	362				50				

各地区海水养殖面积(按水域和养殖方式分)(一)

单位:公顷

地　　区	海水养殖面积	按养殖水域分			养殖方式中	
		1. 海上	2. 滩涂	3. 其他	1. 池塘	2. 普通网箱($米^2$)
全国总计	**2 317 763**	**1 355 399**	**653 843**	**308 521**	**455 029**	**53 438 913**
天　津	3 165			3 165	3 165	
河　北	117 533	65 773	33 584	18 176	26 195	
辽　宁	933 068	714 060	131 984	87 024	89 772	358 813
上　海						
江　苏	181 829	43 666	115 969	22 194	37 604	
浙　江	85 881	17 637	37 040	31 204	29 465	788 708
福　建	166 075	83 857	55 810	26 408	31 547	43 174 270
山　东	563 198	348 619	175 026	39 553	129 012	2 199 206
广　东	194 861	59 972	77 148	57 741	74 745	5 006 375
广　西	55 015	18 024	19 585	17 406	20 697	488 710
海　南	17 138	3 791	7 697	5 650	12 827	1 422 831

各地区海水养殖面积(按水域和养殖方式分)(二)

单位:公顷

地　　区	养殖方式中(续)				
	3. 深水网箱($米^3$)	4. 筏式	5. 吊笼	6. 底播	7. 工厂化($米^3$)
全国总计	**9 361 034**	**316 250**	**135 609**	**1 098 625**	**26 937 288**
天　津					283 080
河　北		58 649	995	18 689	2 954 500
辽　宁	502 000	53 198	13 774	690 221	2 945 784
上　海					
江　苏	14 040	33 369	360	86 056	691 180
浙　江	825 009	14 416	144	23 523	1 204 172
福　建	353 785	43 312	7 863	17 723	8 280 037
山　东	1 694 008	91 341	106 883	211 495	9 484 084
广　东	901 773	15 526	5 035	39 230	657 793
广　西	707 645	6 439	170	10 536	
海　南	4 362 774		385	1 152	436 658

各地区淡水养殖面积(按水域和养殖方式分)(一)

单位:公顷

地　　区	淡水养殖面积	按　水　域			
		1. 池塘	2. 湖泊	3. 水库	4. 河沟
全国总计	**6 147 241**	**2 701 222**	**1 022 350**	**2 012 411**	**277 102**
北　京	3 633	3 563			
天　津	36 685	31 848		3 504	464
河　北	76 421	29 783	2 851	41 407	1 470
山　西	15 715	2 816	2 397	10 311	23
内蒙古	119 575	18 572	44 954	52 086	3 963
辽　宁	219 085	48 307	733	108 183	7 129
吉　林	316 855	31 076	104 531	181 094	150
黑龙江	388 783	105 124	113 882	141 273	21 809
上　海	19 392	17 468	348		1 379
江　苏	571 608	385 450	87 844	20 708	61 596
浙　江	213 065	74 719	2 409	95 257	35 723
安　徽	580 197	218 620	202 463	93 421	52 812
福　建	101 872	40 761	873	52 981	4 950
江　西	437 528	158 813	103 932	155 503	15 728
山　东	282 953	149 205	10 945	114 218	5 105
河　南	276 575	116 810	3 798	146 395	9 560
湖　北	688 667	390 605	187 316	103 772	4 519
湖　南	467 749	244 009	88 210	133 100	1 002
广　东	370 817	278 291	2 989	79 604	1 969
广　西	184 135	81 913		92 213	7 422
海　南	37 590	24 171	180	13 068	42
重　庆	96 675	56 171		28 798	11 232
四　川	211 476	105 898	4 546	81 017	19 864
贵　州	59 893	6 141	664	44 832	3 803
云　南	142 226	36 845	14 304	89 137	1 940
西　藏	31	31			
陕　西	50 633	12 172	7 557	28 814	1 785
甘　肃	15 477	2 489	65	12 700	7
青　海	42 431	318	4 254	37 859	
宁　夏	46 809	17 333	27 571	1 415	490
新　疆	72 690	11 900	2 734	49 741	1 166

各地区淡水养殖面积(按水域和养殖方式分)(二)

单位:公顷

地　区	按水域(续)		养殖方式中		
	5. 其他	6. 稻田	1. 围栏 (米^2)	2. 网箱 (米^2)	3. 工厂化 (米^3)
全国总计	**134 156**	**1 501 629**	**2 353 708 951**	**147 376 140**	**33 155 985**
北　京	70	4			352 686
天　津	869	2 993			224 436
河　北	910	1 228	1 750 088	7 274 756	1 215 185
山　西	168	266	59 925	64 472	450
内蒙古		2 906	65 965 000	12 951	21 468
辽　宁	54 733	81 544	550 000	842 550	216 688
吉　林	4	8 187	135 180	19 150	1
黑龙江	6 695	31 898	2 100 000	112 802	1 200
上　海	197	24			26 000
江　苏	16 010	109 758	60 960 725	11 080 319	2 222 793
浙　江	4 957	83 060	8 575 557	1 503 524	6 629 184
安　徽	12 881	54 882	1 213 972 178	19 716 028	755 646
福　建	2 307	18 492	104 484	879 805	10 082 810
江　西	3 552	64 112	205 123 774	8 220 387	1 986 246
山　东	3 480	1 738	37 232 568	9 311 573	2 523 190
河　南	12	1 335	72 049 730	4 876 089	179 974
湖　北	2 455	200 863	493 640 000	53 149 000	381 000
湖　南	1 428	171 369	84 367 087	10 036 133	5 620
广　东	7 964	3 364	568 011	294 390	17 017
广　西	2 587	45 415	59 091 248	6 366 097	
海　南	129		5 600	37 332	150 000
重　庆	474	36 785	21 627 000	23 474	31 516
四　川	151	308 938		970 427	1 200
贵　州	4 453	153 126	8 374 573	8 175 825	146 438
云　南		111 392	2 552 294	2 100 540	1 667 398
西　藏					
陕　西	305	3 147	14 903 929	2 027 341	4 244 140
甘　肃	216	6		36 402	66 219
青　海				220 341	
宁　夏		4 797			
新　疆	7 149			24 432	7 480

3－2 水产苗种

全国水产苗种数量

指　　标	计量单位	2015 年	2014 年	2015 年比 2014 年增减(±)	
				绝对量	幅度(%)
淡水鱼苗产量	亿尾	12 665	12 746	－81	－0.63
其中:罗非鱼	亿尾	253	256	－3	－1.35
淡水鱼种产量	吨	3 808 948	3 694 912	114 036	3.09
投放鱼种产量	吨	4 212 812	4 038 359	174 453	4.32
河蟹育苗量	千克	905 741	942 388	－36 647	－3.89
扣蟹	千克	55 433 899	54 656 440	777 459	1.42
稚鳖数量	万只	65 701	65 776	－74	－0.11
稚龟数量	万只	8 969	8 587	382	4.45
鳗苗捕捞量	千克	15 858	20 152	－4 294	－21.31
海水鱼苗产量	万尾	784 014	648 281	135 733	20.94
其中:大黄鱼	万尾	279 085	214 852	64 233	29.90
鲆鱼	万尾	51 961	43 532	8 429	19.36
虾类育苗量	亿尾	10 240	6 678	3 561	53.33
其中:南美白对虾	亿尾	7 945	5 290	2 656	50.21
贝类育苗量	万粒	142 790 753	186 430 373	－43 639 620	－23.41
其中:鲍鱼育苗量	万粒	1 296 058	681 841	614 217	90.08
海带育苗量	亿株	337	326	11	3.32
紫菜育苗量	亿贝壳	242	202	40	19.81
海参	亿头	708	746	－38	－5.05

各地区水产苗种数量(一)

地　　区	淡水鱼苗 (亿尾)	其中:罗非鱼 (亿尾)	淡水鱼种 (吨)	投放鱼种 (吨)	河蟹育苗 (千克)	扣蟹 (千克)
全国总计	**12 665.31**	**252.98**	**3 808 948**	**4 212 812**	**905 741**	**55 433 899**
北　京	24.30	0.02	13 482	9 208		
天　津	43.78		14 706	28 452	1 790	151 310
河　北	38.28	0.22	24 706	29 875	800	91 115
山　西	3.03	0.14	3 966	6 576		
内 蒙 古	4.53		10 118	16 054		
辽　宁	93.00		99 554	100 344	67 500	18 685 200
吉　林	12.25		12 777	17 947		134 330
黑 龙 江	10.99		47 049	50 214		
上　海	16.12		3 993	14 873		7 855 000
江　苏	538.75	0.17	329 292	471 740	829 047	10 083 416
浙　江	162.65	1.00	53 295	94 296	1 120	54 217
安　徽	428.60	0.74	294 182	368 050		13 535 853
福　建	30.38	8.58	17 286	37 466		
江　西	354.61	4.35	300 443	428 206		292 158
山　东	73.56	1.03	94 636	139 145	867	98 958
河　南	72.63	0.01	110 542	121 928		85 294
湖　北	1 159.00	11.00	1 160 110	1 103 486	4 617	4 290 366
湖　南	325.18	0.01	426 089	337 523		27 770
广　东	8 269.75	116.65	317 388	190 315		100
广　西	374.36	19.99	114 643	131 596		
海　南	77.95	74.98	2 477	6 149		
重　庆	78.30	1.30	78 739	95 970		
四　川	231.58	0.92	160 060	218 956		
贵　州	88.08		13 882	26 124		8 317
云　南	99.52	11.54	42 071	100 426		
西　藏	0.03		5	5		
陕　西	18.23	0.30	13 634	12 768		17 700
甘　肃	0.69	0.01	2 311	2 573		2 795
青　海			4			20 000
宁　夏	9.68		30 570	35 550		
新　疆	25.50	0.02	16 938	16 997		

各地区水产苗种数量(二)

地　　区	稚鳖 (万只)	稚龟 (万只)	鳗苗捕捞 (千克)	海水鱼苗 (万尾)	其中	
					大黄鱼(万尾)	鲆鱼(万尾)
全国总计	**65 701.49**	**8 968.84**	**15 858**	**784 013.95**	**279 085.00**	**51 961.00**
北　　京	12.00	5.00				
天　　津	116.00			2 231.00		1 945.00
河　　北	1 704.60			2 945.00		1 640.00
山　　西	211.00					
内 蒙 古						
辽　　宁	3.00			4 755.00		3 736.00
吉　　林						
黑 龙 江						
上　　海	5.00	35.00	141			
江　　苏	4 172.00	1 182.00	6 253	11 597.00		77.00
浙　　江	17 689.21	1 213.33	2 024	24 782.00	20 582.00	
安　　徽	5 194.66	1 004.20				
福　　建	198.60	49.00	6 605	381 661.00	258 353.00	670.00
江　　西	7 890.77	1 884.89				
山　　东	2 333.00			63 180.00	55.00	43 643.00
河　　南	2 696.00	16.00				
湖　　北	7 380.00	1 425.00				
湖　　南	3 414.63	1 041.12				
广　　东	6 260.00	546.00	835	275 493.00	95.00	250.00
广　　西	5 700.53	560.17		25.95		
海　　南				17 344.00		
重　　庆	60.90	1.10				
四　　川	182.10	6.03				
贵　　州	10.33					
云　　南	0.50					
西　　藏						
陕　　西	466.40					
甘　　肃	0.26					
青　　海						
宁　　夏						
新　　疆						

各地区水产苗种数量(三)

地　　区	虾类育苗（亿尾）	其中:南美白对虾(亿尾)	贝类育苗（万粒）	其中:鲍鱼（万粒）	海带（亿株）	紫菜（亿贝壳）	海参（亿头）
全国总计	**10 239.80**	**7 945.43**	**142 790 753**	**1 296 058**	**336.87**	**241.79**	**707.90**
北　京							
天　津	293.29	277.69					
河　北	320.80	290.20	127 000				6.26
山　西							
内蒙古							
辽　宁	142.00	63.00	4 340 177	32 277			206.00
吉　林							
黑龙江							
上　海	46.00	38.00					
江　苏	239.35	198.22	30 000			4.21	
浙　江	168.90	5.00	18 697 840	600 000		32.75	
安　徽	78.33		83 400				
福　建	3 223.91	2 845.80	72 896 124	571 772	240.87	4.83	0.17
江　西	5.39		12 320				
山　东	606.00	421.00	45 806 060	15 970	86.00		495.45
河　南	2.75						
湖　北	303.26		89 115				
湖　南							
广　东	4 000.00	3 000.00	605 659	75 667	10.00	200.00	0.02
广　西	216.39	214.90	26 837	240			
海　南	592.62	591.62	76 221	132			
重　庆	0.70						
四　川							
贵　州							
云　南	0.11						
西　藏							
陕　西							
甘　肃							
青　海							
宁　夏							
新　疆							

3-3 年末渔船拥有量

全国渔船年末拥有量(一)

指标		2015 年			2014 年			2015 年比 2014 年增减(±)		
		艘	总吨	千瓦	艘	总吨	千瓦	艘	总吨	千瓦
渔船合计		**1 042 489**	**10 863 250**	**22 569 851**	**1 065 319**	**10 704 316**	**22 275 528**	**-22 830**	**158 934**	**294 323**
机动渔船合计		672 416	10 406 413	22 569 851	686 766	10 214 416	22 275 528	-14 350	191 997	294 323
1. 生产渔船		644 816	9 386 181	20 448 426	657 974	9 176 606	20 181 127	-13 158	209 575	267 299
(1)捕捞渔船		439 247	8 580 178	18 060 896	446 171	8 352 777	17 771 956	-6 924	227 401	288 940
441 千瓦(含)以上		2 496	1 154 477	2 103 173	2 489	1 009 185	1 749 155	7	145 292	354 018
44.1(含)~441 千瓦		64 652	5 759 823	10 599 850	64 767	5 597 671	10 556 069	-115	162 152	43 781
44.1 千瓦以下		372 099	1 665 878	5 357 873	378 915	1 745 921	5 466 732	-6 816	-80 043	-108 859
(2)养殖渔船		205 569	806 003	2 387 530	211 803	823 829	2 409 171	-6 234	-17 826	-21 641
2. 辅助渔船		27 600	1 020 232	2 121 425	28 792	1 037 810	2 094 401	-1 192	-17 578	27 024
(1)捕捞辅助船		24 104	864 878	1 506 456	25 340	865 195	1 510 436	-1 236	-317	-3 980
(2)渔业执法船		2 415	79 171	524 695	2 301	76 784	485 589	114	2 387	39 106
机动渔船按船长分	24 米(含)以上	36 848	6 032 152	10 224 958	36 630	5 757 185	9 794 862	218	274 967	430 096
	12(含)~24 米	88 626	2 396 205	5 192 998	93 346	2 414 998	5 246 230	-4 720	-18 793	-53 232
	12 米以下	546 939	1 973 420	7 148 693	556 760	2 047 835	7 232 954	-9 821	-74 415	-84 261
非机动渔船合计		370 073	456 837		378 553	489 900		-8 480	-33 063	

全国渔船年末拥有量(二)

指标		总数			海洋渔船			内陆渔船		
		艘	总吨	千瓦	艘	总吨	千瓦	艘	总吨	千瓦
渔船合计		**1 042 489**	**10 863 250**	**22 569 851**	**277 392**	**8 810 005**	**17 322 826**	**765 097**	**2 053 245**	**5 247 025**
机动渔船合计		672 416	10 406 413	22 569 851	269 965	8 796 932	17 322 826	402 451	1 609 481	5 247 025
1. 生产渔船		644 816	9 386 181	20 448 426	256 821	7 874 106	15 484 006	387 995	1 512 075	4 964 420
(1)捕捞渔船		439 247	8 580 178	18 060 896	187 211	7 572 484	14 417 390	252 036	1 007 694	3 643 506
441 千瓦(含)以上		2 496	1 154 477	2 103 173	2 492	1 152 649	2 100 290	4	1 828	2 883
44.1(含)~441 千瓦		64 652	5 759 823	10 599 850	59 275	5 635 242	10 321 657	5 377	124 581	278 193
44.1 千瓦以下		372 099	1 665 878	5 357 873	125 444	784 593	1 995 443	246 655	881 285	3 362 430
(2)养殖渔船		205 569	806 003	2 387 530	69 610	301 622	1 066 616	135 959	504 381	1 320 914
2. 辅助渔船		27 600	1 020 232	2 121 425	13 144	9 22 826	1 838 820	14 456	97 406	282 605
(1)捕捞辅助船		24 104	864 878	1 506 456	11 774	781 294	1 371 601	12 330	83 584	134 855
(2)渔业执法船		2 415	79 171	524 695	570	58 855	366 283	1 845	20 316	158 412
机动渔船按船长分	24 米(含)以上	36 848	6 032 152	10 224 958	35 844	5 989 801	10 177 395	1 004	42 351	47 563
	12(含)~24 米	88 626	2 396 205	5 192 998	49 697	1 919 347	4 399 651	38 929	476 858	793 347
	12 米以下	546 939	1 973 420	7 148 693	186 781	882 361	2 745 061	360 158	1 091 059	4 403 632
非机动渔船合计		370 073	456 837		7 427	13 073		362 646	443 764	

各地区机动渔船年末拥有量

地　　区	2015 年			2014 年			2015 年比 2014 年增减(±)		
	艘	总吨	千瓦	艘	总吨	千瓦	艘	总吨	千瓦
全国总计	**672 416**	**10 406 413**	**22 569 851**	**686 766**	**10 214 416**	**22 275 528**	**-14 350**	**191 997**	**294 323**
北　京	33	10 220	14 083	31	7 322	11 143	2	2 898	2 940
天　津	4 194	36 217	100 142	4 235	34 540	97 904	-41	1 677	2 238
河　北	12 958	278 354	622 429	12 992	272 539	563 933	-34	5 815	58 496
山　西	221	593	4 212	224	501	3 307	-3	92	905
内蒙古	1 275	2 109	17 139	1 292	1 999	16 821	-17	110	318
辽　宁	40 095	831 933	1 697 147	40 902	825 012	1 566 947	-807	6 921	130 200
吉　林	4 676	6 727	85 242	4 654	6 669	83 475	22	58	1 767
黑龙江	12 215	17 245	113 481	11 817	16 282	108 855	398	963	4 626
上　海	1 223	125 233	188 405	1 329	125 019	192 659	-106	214	-4 254
江　苏	121 733	1 010 131	2 224 626	125 405	954 812	2 237 290	-3 672	55 319	-12 664
浙　江	41 081	2 964 766	4 673 727	43 981	2 911 193	4 697 333	-2 900	53 573	-23 606
安　徽	29 574	269 921	443 871	30 421	291 743	448 145	-847	-21 822	-4 274
福　建	60 060	1 201 533	2 770 180	61 209	1 126 225	2 614 723	-1 149	75 308	155 457
江　西	32 221	153 991	442 190	32 551	169 992	444 964	-330	-16 001	-2 774
山　东	71 420	1 201 834	2 571 219	71 359	1 149 954	2 518 974	61	51 880	52 245
河　南	4 220	15 995	68 523	4 151	15 746	65 207	69	249	3 316
湖　北	50 661	115 188	421 978	50 661	115 188	421 978			
湖　南	45 759	110 392	846 183	46 041	111 069	851 376	-282	-677	-5 193
广　东	61 323	961 065	2 471 174	64 015	948 447	2 492 479	-2 692	12 618	-21 305
广　西	26 875	376 825	863 224	26 524	395 011	881 553	351	-18 186	-18 329
海　南	26 377	519 460	1 389 230	26 190	501 035	1 365 550	187	18 425	23 680
重　庆	5 653	16 011	65 856	5 647	15 801	64 061	6	210	1 795
四　川	8 039	10 496	75 839	8 151	11 073	77 660	-112	-577	-1 821
贵　州	6 068	8 908	75 614	8 369	24 773	95 796	-2 301	-15 865	-20 182
云　南	1 421	4 884	24 640	1 413	4 820	24 699	8	64	-59
西　藏	6	8	52	6	8	52			
陕　西	1 320	6 033	21 373	1 466	8 697	25 394	-146	-2 664	-4 021
甘　肃	37	86	708	35	79	644	2	7	64
青　海	222	870	5 506	222	870	5 506			
宁　夏	26	123	1 815	21	113	1 716	5	10	99
新　疆	1 102	3 562	17 904	1 102	3 562	17 904			
中农发集团	328	145 700	252 139	350	164 322	277 480	-22	-18 622	-25 341

各地区机动渔船年末拥有量(按船长分)

地 区	24米(含)以上			12(含)~24米			12米以下		
	艘	总吨	千瓦	艘	总吨	千瓦	艘	总吨	千瓦
全国总计	**36 848**	**6 032 152**	**10 224 958**	**88 626**	**2 396 205**	**5 192 998**	**546 939**	**1 973 420**	**7 148 693**
北 京	14	10 146	12 610	5	53	826	14	21	647
天 津	73	19 124	32 592	354	12 857	31 126	3 767	4 236	36 424
河 北	928	106 224	168 647	4 077	116 938	277 869	7 953	55 192	175 913
山 西				20	73	323	201	520	3 888
内蒙古				29	439	1 224	1 246	1 670	15 915
辽 宁	3 083	383 928	769 399	9 867	318 984	577 545	27 145	124 276	348 451
吉 林	3	350	551	490	1 366	9 765	4 183	5 011	74 926
黑龙江	2	200	1 029	94	1 463	10 100	12 119	15 582	102 352
上 海	281	112 774	156 569	352	10 845	24 573	590	1 614	7 263
江 苏	2 973	263 891	496 434	16 973	288 853	499 474	101 787	457 387	1 228 718
浙 江	13 639	2 725 472	4 062 244	3 856	164 007	330 968	23 586	75 287	280 515
安 徽	264	14 395	7 897	5 979	151 738	160 799	23 331	103 789	275 175
福 建	4 476	800 060	1 550 829	6 834	239 803	617 260	48 750	161 670	602 091
江 西	9	354	1 261	8 058	69 039	164 258	24 154	84 598	276 671
山 东	5 572	790 207	1 380 520	7 027	189 249	455 224	58 821	222 378	735 475
河 南	7	440	683	170	1 674	5 470	4 043	13 881	62 370
湖 北	1	50	198	3 450	15 058	36 527	47 210	100 078	384 398
湖 南	402	5 495	1 480	3 315	20 256	35 791	42 042	84 641	808 912
广 东	2 951	387 829	844 474	9 900	399 931	1 004 160	48 472	173 305	622 540
广 西	987	131 792	234 027	1 893	150 263	270 182	23 995	94 770	359 015
海 南	866	135 191	256 262	4 320	231 634	638 233	21 191	152 638	494 735
重 庆				671	3 265	12 871	4 982	12 746	52 985
四 川				145	851	3 088	7 894	9 645	72 751
贵 州	1	30	120	374	1 156	7 137	5 693	7 722	68 357
云 南				144	1 525	3 376	1 277	3 359	21 264
西 藏							6	8	52
陕 西	6	438	277	66	2 030	3 002	1 248	3 565	18 094
甘 肃				4	15	56	30	65	692
青 海				19	167	1 957	203	703	3 549
宁 夏							26	123	1 815
新 疆	2	49	400	120	686	4 130	980	2 940	12 740
中农发集团	308	143 713	246 455	20	1 987	5 684			

各地区机动渔船年末拥有量(生产渔船)

地区	生产渔船			其中					
				捕捞渔船			养殖渔船		
	艘	总吨	千瓦	艘	总吨	千瓦	艘	总吨	千瓦
全国总计	**644 816**	**9 386 181**	**20 448 426**	**439 247**	**8 580 178**	**18 060 896**	**205 569**	**806 003**	**2 387 530**
北 京	18	10 150	12 632	14	10 146	12 610	4	4	22
天 津	4 009	32 834	87 277	3 099	32 209	79 887	910	625	7 390
河 北	12 142	245 852	546 266	7 635	204 909	378 233	4 507	40 943	168 033
山 西	201	531	2 444	151	496	1 588	50	35	856
内蒙古	1 220	1 717	12 351	1 042	1 516	10 732	178	201	1 619
辽 宁	39 186	765 748	1 520 701	24 690	698 320	1 324 963	14 496	67 428	195 738
吉 林	4 598	6 071	81 349	3 209	3 774	58 882	1 389	2 297	22 467
黑龙江	12 100	15 517	101 928	8 321	10 201	69 944	3 779	5 316	31 984
上 海	1 155	109 126	154 262	1 155	109 126	154 262			
江 苏	114 400	957 928	2 094 029	56 787	643 099	1 428 389	57 613	314 829	665 640
浙 江	38 316	2 438 513	3 862 075	28 330	2 407 075	3 759 257	9 986	31 438	102 818
安 徽	28 073	250 938	412 317	24 082	196 771	364 834	3 991	54 167	47 483
福 建	57 242	1 061 336	2 487 608	33 853	1 003 505	2 254 903	23 389	57 831	232 705
江 西	32 074	152 505	429 971	24 387	125 637	350 448	7 687	26 868	79 523
山 东	70 802	1 171 074	2 461 942	52 033	1 099 974	2 180 011	18 769	71 100	281 931
河 南	4 144	15 569	64 145	1 978	4 811	32 839	2 166	10 758	31 306
湖 北	50 000	112 497	411 885	25 728	59 597	214 205	24 272	52 900	197 680
湖 南	43 517	85 045	819 672	24 183	59 044	687 955	19 334	26 001	131 717
广 东	56 552	884 088	2 198 108	51 427	861 300	2 118 733	5 125	22 788	79 375
广 西	25 906	368 310	827 827	24 533	365 484	804 565	1 373	2 826	23 262
海 南	26 079	507 946	1 356 338	25 888	506 105	1 350 473	191	1 841	5 865
重 庆	5 317	14 988	59 537	5 192	14 466	58 237	125	522	1 300
四 川	7 645	9 519	66 338	5 694	6 118	47 550	1 951	3 401	18 788
贵 州	5 921	8 449	68 941	3 736	4 803	39 045	2 185	3 646	29 896
云 南	1 281	4 358	17 487	822	2 021	10 769	459	2 337	6 718
西 藏	6	8	52	6	8	52			
陕 西	1 289	5 835	19 255	142	1 069	2 285	1 147	4 766	16 970
甘 肃	20	20	180				20	20	180
青 海	203	703	3 549				203	703	3 549
宁 夏	4	5	55				4	5	55
新 疆	1 068	3 301	15 766	802	2 894	13 106	266	407	2 660
中农发集团	328	145 700	252 139	328	145 700	252 139			

各地区海洋机动渔船年末拥有量

地 区	2015 年			2014 年			2015 年比 2014 年增减(±)		
	艘	总吨	千瓦	艘	总吨	千瓦	艘	总吨	千瓦
全国总计	**269 965**	**8 796 932**	**17 322 826**	**277 453**	**8 538 543**	**16 962 042**	**-7 488**	**258 389**	**360 784**
北 京	14	10 146	12 610	12	7 248	9 670	2	2 898	2 940
天 津	644	33 626	68 194	576	32 259	63 259	68	1 367	4 935
河 北	8 645	265 474	543 362	9 438	263 957	508 764	-793	1 517	34 598
辽 宁	37 738	825 286	1 669 409	38 566	818 054	1 544 456	-828	7 232	124 953
上 海	448	119 834	171 926	492	117 804	172 335	-44	2 030	-409
江 苏	8 824	371 248	787 305	9 809	304 493	733 456	-985	66 755	53 849
浙 江	27 444	2 918 413	4 524 048	29 539	2 863 397	4 542 693	-2 095	55 016	-18 645
福 建	56 383	1 196 933	2 745 080	57 874	1 122 074	2 592 243	-1 491	74 859	152 837
山 东	43 289	1 096 949	2 191 601	42 688	1 043 454	2 128 903	601	53 495	62 698
广 东	49 318	937 628	2 328 702	51 884	926 892	2 365 052	-2 566	10 736	-36 350
广 西	10 547	356 380	639 527	10 075	373 771	658 928	472	-17 391	-19 401
海 南	26 343	519 315	1 388 923	26 150	500 818	1 364 803	193	18 497	24 120
中农发集团	328	145 700	252 139	350	164 322	277 480	-22	-18 622	-25 341

各地区海洋机动渔船年末拥有量(按船长分)

地 区	24 米(含)以上			12(含)~24 米			12 米以下		
	艘	总吨	千瓦	艘	总吨	千瓦	艘	总吨	千瓦
全国总计	**35 844**	**5 989 801**	**10 177 395**	**49 697**	**1 919 347**	**4 399 651**	**186 781**	**882 361**	**2 745 061**
北 京	14	10 146	12 610						
天 津	73	19 124	32 592	354	12 857	31 126	217	1 645	4 476
河 北	923	105 953	167 692	3 899	114 689	269 676	3 823	44 832	105 994
辽 宁	3 083	382 974	768 025	9 867	318 024	572 977	27 145	118 865	327 688
上 海	274	112 193	154 950	160	7 269	16 175	14	372	801
江 苏	2 697	248 774	476 480	3 215	99 252	225 134	2 912	23 222	85 691
浙 江	13 628	2 723 073	4 057 765	2 787	156 884	312 477	11 029	38 456	153 806
福 建	4 476	800 060	1 550 829	6 792	239 607	616 196	45 115	157 266	578 055
山 东	5 571	790 157	1 379 369	6 993	189 012	453 634	30 725	117 780	358 598
广 东	2 944	386 651	840 339	9 580	398 591	993 534	36 794	152 386	494 829
广 西	987	131 792	234 027	1 710	149 541	264 805	7 850	75 047	140 695
海 南	866	135 191	256 262	4 320	231 634	638 233	21 157	152 490	494 428
中农发集团	308	143 713	246 455	20	1 987	5 684			

各地区海洋机动渔船年末拥有量(生产渔船)

地区	生产渔船			其中					
				捕捞渔船			养殖渔船		
	艘	总吨	千瓦	艘	总吨	千瓦	艘	总吨	千瓦
全国总计	**256 821**	**7 874 106**	**15 484 006**	**187 211**	**7 572 484**	**14 417 390**	**69 610**	**301 622**	**1 066 616**
北京	14	10 146	12 610	14	10 146	12 610			
天津	589	30 714	57 478	479	30 554	56 098	110	160	1 380
河北	7 884	233 463	470 301	5 380	199 970	339 033	2 504	33 493	131 268
辽宁	36 905	759 109	1 499 901	22 733	693 054	1 309 116	14 172	66 055	190 785
上海	416	104 552	142 456	416	104 552	142 456			
江苏	8 600	353 168	731 714	7 111	315 039	626 371	1 489	38 129	105 343
浙江	24 991	2 394 333	3 724 969	19 493	2 380 184	3 666 831	5 498	14 149	58 138
福建	53 588	1 056 864	2 463 926	30 680	999 765	2 235 036	22 908	57 099	228 890
山东	42 889	1 067 269	2 089 498	25 081	998 282	1 824 157	17 808	68 987	265 341
广东	44 921	862 626	2 073 889	40 045	841 348	1 995 393	4 876	21 278	78 496
广西	9 649	348 326	609 018	9 595	347 895	607 908	54	431	1 110
海南	26 047	507 836	1 356 107	25 856	505 995	1 350 242	191	1 841	5 865
中农发集团	328	145 700	252 139	328	145 700	252 139			

各地区内陆机动渔船年末拥有量

地区	2015年			2014年			2015年比2014年增减(±)		
	艘	总吨	千瓦	艘	总吨	千瓦	艘	总吨	千瓦
全国总计	**402 451**	**1 609 481**	**5 247 025**	**409 313**	**1 675 873**	**5 313 486**	**-6 862**	**-66 392**	**-66 461**
北京	19	74	1 473	19	74	1 473			
天津	3 550	2 591	31 948	3 659	2 281	34 645	-109	310	-2 697
河北	4 313	12 880	79 067	3 554	8 582	55 169	759	4 298	23 898
山西	221	593	4 212	224	501	3 307	-3	92	905
内蒙古	1 275	2 109	17 139	1 292	1 999	16 821	-17	110	318
辽宁	2 357	6 647	27 738	2 336	6 958	22 491	21	-311	5 247
吉林	4 676	6 727	85 242	4 654	6 669	83 475	22	58	1 767
黑龙江	12 215	17 245	113 481	11 817	16 282	108 855	398	963	4 626
上海	775	5 399	16 479	837	7 215	20 324	-62	-1 816	-3 845
江苏	112 909	638 883	1 437 321	115 596	650 319	1 503 834	-2 687	-11 436	-66 513
浙江	13 637	46 353	149 679	14 442	47 796	154 640	-805	-1 443	-4 961
安徽	29 574	269 921	443 871	30 421	291 743	448 145	-847	-21 822	-4 274
福建	3 677	4 600	25 100	3 335	4 151	22 480	342	449	2 620
江西	32 221	153 991	442 190	32 551	169 992	444 964	-330	-16 001	-2 774
山东	28 131	104 885	379 618	28 671	106 500	390 071	-540	-1 615	-10 453
河南	4 220	15 995	68 523	4 151	15 746	65 207	69	249	3 316
湖北	50 661	115 188	421 978	50 661	115 188	421 978			
湖南	45 759	110 392	846 183	46 041	111 069	851 376	-282	-677	-5 193
广东	12 005	23 437	142 472	12 131	21 555	127 427	-126	1 882	15 045
广西	16 328	20 445	223 697	16 449	21 240	222 625	-121	-795	1 072
海南	34	145	307	40	217	747	-6	-72	-440
重庆	5 653	16 011	65 856	5 647	15 801	64 061	6	210	1 795
四川	8 039	10 496	75 839	8 151	11 073	77 660	-112	-577	-1 821
贵州	6 068	8 908	75 614	8 369	24 773	95 796	-2 301	-15 865	-20 182
云南	1 421	4 884	24 640	1 413	4 820	24 699	8	64	-59
西藏	6	8	52	6	8	52			
陕西	1 320	6 033	21 373	1 466	8 697	25 394	-146	-2 664	-4 021
甘肃	37	86	708	35	79	644	2	7	64
青海	222	870	5 506	222	870	5 506			
宁夏	26	123	1 815	21	113	1 716	5	10	99
新疆	1 102	3 562	17 904	1 102	3 562	17 904			

各地区内陆机动渔船年末拥有量(按船长分)

地　　区	24米(含)以上			12(含)~24米			12米以下		
	艘	总吨	千瓦	艘	总吨	千瓦	艘	总吨	千瓦
全国总计	**1 004**	**42 351**	**47 563**	**38 929**	**476 858**	**793 347**	**360 158**	**1 091 059**	**4 403 632**
北　京				5	53	826	14	21	647
天　津							3 550	2 591	31 948
河　北	5	271	955	178	2 249	8 193	4 130	10 360	69 919
山　西				20	73	323	201	520	3 888
内蒙古				29	439	1 224	1 246	1 670	15 915
辽　宁		954	1 374		960	4 568		5 411	20 763
吉　林	3	350	551	490	1 366	9 765	4 183	5 011	74 926
黑龙江	2	200	1 029	94	1 463	10 100	12 119	15 582	102 352
上　海	7	581	1 619	192	3 576	8 398	576	1 242	6 462
江　苏	276	15 117	19 954	13 758	189 601	274 340	98 875	434 165	1 143 027
浙　江	11	2 399	4 479	1 069	7 123	18 491	12 557	36 831	126 709
安　徽	264	14 395	7 897	5 979	151 738	160 799	23 331	103 789	275 175
福　建				42	196	1 064	3 635	4 404	24 036
江　西	9	354	1 261	8 058	69 039	164 258	24 154	84 598	276 671
山　东	1	50	1 151	34	237	1 590	28 096	104 598	376 877
河　南	7	440	683	170	1 674	5 470	4 043	13 881	62 370
湖　北	1	50	198	3 450	15 058	36 527	47 210	100 078	384 398
湖　南	402	5 495	1 480	3 315	20 256	35 791	42 042	84 641	808 912
广　东	7	1 178	4 135	320	1 340	10 626	11 678	20 919	127 711
广　西				183	722	5 377	16 145	19 723	218 320
海　南							34	148	307
重　庆				671	3 265	12 871	4 982	12 746	52 985
四　川				145	851	3 088	7 894	9 645	72 751
贵　州	1	30	120	374	1 156	7 137	5 693	7 722	68 357
云　南				144	1 525	3 376	1 277	3 359	21 264
西　藏							6	8	52
陕　西	6	438	277	66	2 030	3 002	1 248	3 565	18 094
甘　肃				4	15	56	30	65	692
青　海				19	167	1 957	203	703	3 549
宁　夏							26	123	1 815
新　疆	2	49	400	120	686	4 130	980	2 940	12 740

各地区内陆机动渔船年末拥有量(生产渔船)

地区	生产渔船			其中					
				捕捞渔船			养殖渔船		
	艘	总吨	千瓦	艘	总吨	千瓦	艘	总吨	千瓦
全国总计	**387 995**	**1 512 075**	**4 964 420**	**252 036**	**1 007 694**	**3 643 506**	**135 959**	**504 381**	**1 320 914**
北京	4	4	22				4	4	22
天津	3 420	2 120	29 799	2 620	1 655	23 789	800	465	6 010
河北	4 258	12 389	75 965	2 255	4 939	39 200	2 003	7 450	36 765
山西	201	531	2 444	151	496	1 588	50	35	856
内蒙古	1 220	1 717	12 351	1 042	1 516	10 732	178	201	1 619
辽宁	2 281	6 639	20 800	1 957	5 266	15 847	324	1 373	4 953
吉林	4 598	6 071	81 349	3 209	3 774	58 882	1 389	2 297	22 467
黑龙江	12 100	15 517	101 928	8 321	10 201	69 944	3 779	5 316	31 984
上海	739	4 574	11 806	739	4 574	11 806			
江苏	105 800	604 760	1 362 315	49 676	328 060	802 018	56 124	276 700	560 297
浙江	13 325	44 180	137 106	8 837	26 891	92 426	4 488	17 289	44 680
安徽	28 073	250 938	412 317	24 082	196 771	364 834	3 991	54 167	47 483
福建	3 654	4 472	23 682	3 173	3 740	19 867	481	732	3 815
江西	32 074	152 505	429 971	24 387	125 637	350 448	7 687	26 868	79 523
山东	27 913	103 805	372 444	26 952	101 692	355 854	961	2 113	16 590
河南	4 144	15 569	64 145	1 978	4 811	32 839	2 166	10 758	31 306
湖北	50 000	112 497	411 885	25 728	59 597	214 205	24 272	52 900	197 680
湖南	43 517	85 045	819 672	24 183	59 044	687 955	19 334	26 001	131 717
广东	11 631	21 462	124 219	11 382	19 952	123 340	249	1 510	879
广西	16 257	19 984	218 809	14 938	17 589	196 657	1 319	2 395	22 152
海南	32	110	231	32	110	231			
重庆	5 317	14 988	59 537	5 192	14 466	58 237	125	522	1 300
四川	7 645	9 519	66 338	5 694	6 118	47 550	1 951	3 401	18 788
贵州	5 921	8 449	68 941	3 736	4 803	39 045	2 185	3 646	29 896
云南	1 281	4 358	17 487	822	2 021	10 769	459	2 337	6 718
西藏	6	8	52	6	8	52			
陕西	1 289	5 835	19 255	142	1 069	2 285	1 147	4 766	16 970
甘肃	20	20	180				20	20	180
青海	203	703	3 549				203	703	3 549
宁夏	4	5	55				4	5	55
新疆	1 068	3 301	15 766	802	2 894	13 106	266	407	2 660

各地区捕捞机动渔船年末拥有量(按功率分)

地区	44.1千瓦以下			44.1(含)~441千瓦			441千瓦(含)以上		
	艘	总吨	千瓦	艘	总吨	千瓦	艘	总吨	千瓦
全国总计	**372 099**	**1 665 878**	**5 357 873**	**64 652**	**5 759 823**	**10 599 850**	**2 496**	**1 154 477**	**2 103 173**
北京				6	788	1 480	8	9 358	11 130
天津	1 246	2 174	5 865	1 844	23 944	65 277	9	6 091	8 745
河北	5 254	34 861	87 421	2 378	169 304	289 489	3	744	1 323
山西	151	496	1 588						
内蒙古	1 040	1 246	10 346	2	270	386			
辽宁	17 702	134 777	277 541	6 616	426 758	758 283	372	136 785	289 139
吉林	3 181	3 711	57 404	28	63	1 478			
黑龙江	8 282	10 112	67 582	39	89	2 362			
上海	727	3 563	9 675	362	33 275	59 134	66	72 288	85 453
江苏	50 869	316 613	772 846	5 904	321 805	648 591	14	4 681	6 952
浙江	15 015	55 021	187 779	12 822	2 064 148	3 182 051	493	287 906	389 427
安徽	22 369	139 033	259 577	1 713	57 738	105 257			
福建	24 867	96 326	330 602	8 516	708 287	1 471 977	470	198 892	452 324
江西	24 383	125 577	350 118	4	60	330			
山东	43 644	215 458	611 792	8 096	710 886	1 243 749	293	173 630	324 470
河南	1 945	4 712	31 199	33	99	1 640			
湖北	25 705	59 313	212 886	23	284	1 319			
湖南	24 183	59 044	687 955						
广东	42 142	161 547	516 662	8 881	601 366	1 352 824	404	98 387	249 247
广西	22 083	46 911	246 821	2 416	309 135	541 934	34	9 438	15 810
海南	20 972	164 512	464 501	4 829	315 433	840 535	87	26 160	45 437
重庆	5 191	14 465	58 184	1	1	53			
四川	5 690	6 106	47 358	4	12	192			
贵州	3 736	4 803	39 045						
云南	794	2 006	10 369	28	15	400			
西藏	6	8	52						
陕西	132	832	1 973	10	237	312			
甘肃									
青海									
宁夏									
新疆	790	2 651	10 732	12	243	2 374			
中农发集团				85	15 583	28 423	243	130 117	223 716

各地区海洋捕捞机动渔船基本情况

地区	合计		1. 国内海洋捕捞		其中:纳入双控管理渔船数		2. 远洋渔船	
	艘	千瓦	艘	千瓦	艘	千瓦	艘	千瓦
全国总计	**187 211**	**14 417 390**	**184 699**	**12 260 778**	**146 380**	**11 439 257**	**2 512**	**2 156 612**
北京	14	12 610					14	12 610
天津	479	56 098	459	46 593	475	45 781	20	9 505
河北	5 380	339 033	5 372	326 209	5 442	342 799	8	12 824
辽宁	22 733	1 309 116	22 353	973 471	17 958	814 543	380	335 645
上海	416	142 456	336	46 652	396	56 115	80	95 804
江苏	7 111	626 371	7 062	611 220	4 819	532 945	49	15 151
浙江	19 493	3 666 831	18 981	3 229 642	20 735	3 368 283	512	437 189
福建	30 680	2 235 036	30 193	1 791 975	21 118	1 768 124	487	443 061
山东	25 081	1 824 157	24 653	1 401 600	20 419	1 397 612	428	422 557
广东	40 045	1 995 393	39 852	1 887 795	35 913	1 909 732	193	107 598
广西	9 595	607 908	9 582	595 379	8 990	695 955	13	12 529
海南	25 856	1 350 242	25 856	1 350 242	10 115	507 368		
中农发集团	328	252 139					328	252 139

各地区海洋捕捞机动渔船年末拥有量(按功率分)

地区	44.1 千瓦以下			44.1(含)~441 千瓦			441 千瓦(含)以上		
	艘	总吨	千瓦	艘	总吨	千瓦	艘	总吨	千瓦
全国总计	**125 444**	**784 593**	**1 995 443**	**59 275**	**5 635 242**	**10 321 657**	**2 492**	**1 152 649**	**2 100 290**
北京				6	788	1 480	8	9 358	11 130
天津	125	1 690	2 607	345	22 773	44 746	9	6 091	8 745
河北	2 999	29 922	48 221	2 378	169 304	289 489	3	744	1 323
辽宁	15 763	130 619	263 198	6 598	425 650	756 779	372	136 785	289 139
上海	51	359	1 428	299	31 905	55 575	66	72 288	85 453
江苏	3 000	38 985	99 506	4 097	271 373	519 913	14	4 681	6 952
浙江	6 190	30 173	98 994	12 814	2 063 933	3 181 293	489	286 078	386 544
福建	21 694	92 586	310 735	8 516	708 287	1 471 977	470	198 892	452 324
山东	16 703	124 795	257 928	8 085	699 857	1 241 759	293	173 630	324 470
广东	30 834	141 740	398 392	8 807	601 221	1 347 754	404	98 387	249 247
广西	7 145	29 322	50 164	2 416	309 135	541 934	34	9 438	15 810
海南	20 940	164 402	464 270	4 829	315 433	840 535	87	26 160	45 437
中农发集团				85	15 583	28 423	243	130 117	223 716

各地区海洋捕捞机动渔船年末拥有量(按作业类型分)(一)

地区	拖网			围网			刺网		
	艘	总吨	千瓦	艘	总吨	千瓦	艘	总吨	千瓦
全国总计	**35 820**	**3 679 546**	**6 804 001**	**7 448**	**641 579**	**1 096 231**	**100 070**	**1 838 313**	**3 942 189**
北京									
天津	27	6 431	10 236	1	610	397	422	15 103	31 886
河北	216	37 031	59 059	7	4 270	2 565	5 154	158 370	276 971
辽宁	5 236	332 526	640 209	16	9 767	17 994	12 534	277 675	507 321
上海	294	75 882	96 856	9	13 034	23 084	12	1 121	2 194
江苏	1 243	52 090	124 585	67	4 361	5 755	3 284	191 533	357 565
浙江	7 771	1 253 276	2 055 008	535	145 397	184 760	5 533	307 145	475 932
福建	3 891	445 516	934 187	1 299	188 219	316 692	13 099	170 764	456 910
山东	7 765	655 031	1 193 172	125	35 889	62 819	11 555	139 998	292 648
广东	5 409	367 114	896 961	1 409	91 062	158 301	27 204	308 952	744 860
广西	2 078	250 611	431 806	763	52 526	84 890	6 191	38 121	79 115
海南	1 719	129 536	217 776	3 210	88 809	224 713	15 080	229 459	716 567
中农发集团	171	74 502	144 146	7	7 635	14 261	2	72	220

各地区海洋捕捞机动渔船年末拥有量(按作业类型分)(二)

地区	张网			钓业			其他		
	艘	总吨	千瓦	艘	总吨	千瓦	艘	总吨	千瓦
全国总计	**18 958**	**457 707**	**830 570**	**10 439**	**630 861**	**1 036 339**	**14 476**	**324 478**	**708 060**
北京	8	9 358	11 130	6	788	1 480			
天津	12	2 010	3 914	9	6 091	8 745	8	309	920
河北							3	299	438
辽宁	2 418	15 496	41 385	1 397	41 980	74 803	1 132	15 610	27 404
上海	88	1 422	4 571	13	13 093	15 751			
江苏	2 144	61 272	122 947	6	309	1 396	367	5 474	14 123
浙江	3 470	278 640	407 187	740	271 542	358 542	1 444	124 184	185 402
福建	5 048	59 888	151 012	1 491	33 881	71 564	5 852	101 497	304 671
山东	3 550	16 835	45 042	1 630	128 976	199 407	456	21 553	31 069
广东	757	2 338	9 594	2 102	44 453	119 918	3 164	27 429	65 759
广西				295	1 262	1 072	268	5 375	11 025
海南	1 459	9 952	32 908	2 613	28 087	93 673	1 775	20 152	64 605
中农发集团	4	496	880	137	60 399	89 988	7	2 596	2 644

各地区内陆捕捞机动渔船年末拥有量(按功率分)

地 区	44.1 千瓦以下			44.1(含)~441 千瓦			441 千瓦(含)以上		
	艘	总吨	千瓦	艘	总吨	千瓦	艘	总吨	千瓦
全国总计	**246 655**	**881 285**	**3 362 430**	**5 377**	**124 581**	**278 193**	**4**	**1 828**	**2 883**
北 京									
天 津	1 121	484	3 258	1 499	1 171	20 531			
河 北	2 255	4 939	39 200						
山 西	151	496	1 588						
内 蒙 古	1 040	1 246	10 346	2	270	386			
辽 宁	1 939	4 158	14 343	18	1 108	1 504			
吉 林	3 181	3 711	57 404	28	63	1 478			
黑 龙 江	8 282	10 112	67 582	39	89	2 362			
上 海	676	3 204	8 247	63	1 370	3 559			
江 苏	47 869	277 628	673 340	1 807	50 432	128 678			
浙 江	8 825	24 848	88 785	8	215	758	4	1 828	2 883
安 徽	22 369	139 033	259 577	1 713	57 738	105 257			
福 建	3 173	3 740	19 867						
江 西	24 383	125 577	350 118	4	60	330			
山 东	26 941	90 663	353 864	11	11 029	1 990			
河 南	1 945	4 712	31 199	33	99	1 640			
湖 北	25 705	59 313	212 886	23	284	1 319			
湖 南	24 183	59 044	687 955						
广 东	11 308	19 807	118 270	74	145	5 070			
广 西	14 938	17 589	196 657						
海 南	32	110	231						
重 庆	5 191	14 465	58 184	1	1	53			
四 川	5 690	6 106	47 358	4	12	192			
贵 州	3 736	4 803	39 045						
云 南	794	2 006	10 369	28	15	400			
西 藏	6	8	52						
陕 西	132	832	1 973	10	237	312			
甘 肃									
青 海									
宁 夏									
新 疆	790	2 651	10 732	12	243	2 374			

各地区远洋渔船年末拥有量

地　　区	2015 年		2014 年		2015 年比 2014 年增减（±）	
	艘	千瓦	艘	千瓦	艘	千瓦
全国总计	**2 512**	**2 156 612**	**2 460**	**2 025 562**	**52**	**131 050**
北　　京	14	12 610	12	9 670	2	2 940
天　　津	20	9 505	22	13 539	－2	－4 034
河　　北	8	12 824			8	12 824
辽　　宁	380	335 645	358	314 070	22	21 575
上　　海	80	95 804	79	95 150	1	654
江　　苏	49	15 151	46	11 631	3	3 520
浙　　江	512	437 189	536	418 620	－24	18 569
福　　建	487	443 061	493	384 332	－6	58 729
山　　东	428	422 557	391	415 199	37	7 358
广　　东	193	107 598	174	88 912	19	18 686
广　　西	13	12 529	9	3 705	4	8 824
海　　南						
中农发集团	328	252 139	340	270 734	－12	－18 595

各地区辅助渔船年末拥有量

地区	合计			其中					
				捕捞辅助船			渔业执法船		
	艘	总吨	千瓦	艘	总吨	千瓦	艘	总吨	千瓦
全国总计	**27 600**	**1 020 232**	**2 121 425**	**24 104**	**864 878**	**1 506 456**	**2 415**	**79 171**	**524 695**
北京	15	70	1 451				15	70	1 451
天津	185	3 383	12 865	171	2 655	9 702	12	728	3 163
河北	816	32 502	76 163	717	28 969	66 021	48	1 933	7 245
山西	20	62	1 768				20	62	1 768
内蒙古	55	392	4 788	15	12	479	40	380	4 309
辽宁	909	66 185	176 446	778	56 054	115 406	131	10 131	61 040
吉林	78	656	3 893	21	27	128	38	609	3 450
黑龙江	115	1 728	11 553	19	65	424	96	1 663	11 129
上海	68	16 107	34 143	14	3 668	3 907	54	12 439	30 236
江苏	7 333	52 203	130 597	7 149	46 225	98 009	184	5 978	32 588
浙江	2 765	526 253	811 652	2 427	459 206	667 762	186	13 009	98 796
安徽	1 501	18 983	31 554	1 370	17 087	20 151	131	1 896	11 403
福建	2 818	140 197	282 572	2 256	125 232	225 305	66	3 821	28 900
江西	147	1 486	12 219	51	93	996	96	1 393	11 223
山东	618	30 760	109 277	481	22 168	50 841	132	8 506	57 997
河南	76	426	4 378				76	426	4 378
湖北	661	2 691	10 093	481	988	2 205	180	1 703	7 888
湖南	2 242	25 347	26 511	2 082	18 465	12 559	160	1 146	13 389
广东	4 771	76 977	273 066	4 384	67 910	195 668	201	5 691	65 827
广西	969	8 515	35 397	860	4 491	10 601	109	4 024	24 796
海南	298	11 514	32 892	260	10 317	21 276	38	1 197	11 616
重庆	336	1 023	6 319	295	668	2 151	41	355	4 168
四川	394	977	9 501	175	275	1 659	105	616	7 144
贵州	147	459	6 673	49	73	487	72	386	6 186
云南	140	526	7 153	45	209	552	73	268	6 289
西藏									
陕西	31	198	2 118	3	1	20	27	170	2 098
甘肃	17	66	528				10	45	510
青海	19	167	1 957				19	167	1 957
宁夏	22	118	1 760				22	118	1 760
新疆	34	261	2 138	1	20	147	33	241	1 991

各地区海洋辅助渔船年末拥有量

地区	合计			其中					
				捕捞辅助船			渔业执法船		
	艘	总吨	千瓦	艘	总吨	千瓦	艘	总吨	千瓦
全国总计	**13 144**	**922 826**	**1 838 820**	**11 774**	**781 294**	**1 371 601**	**570**	**58 855**	**366 283**
北京									
天津	55	2 912	10 716	53	2 231	8 126	2	681	2 590
河北	761	32 011	73 061	704	28 919	65 485	16	1 592	4 779
辽宁	833	66 177	169 508	732	43 622	98 518	101	9 471	57 134
上海	32	15 282	29 470	11	3 450	3 606	21	11 832	25 864
江苏	224	18 080	55 591	196	14 418	34 293	28	3 662	21 298
浙江	2 453	524 080	799 079	2 303	458 733	665 775	75	11 868	89 347
福建	2 795	140 069	281 154	2 252	125 226	225 287	47	3 699	27 500
山东	400	29 680	102 103	323	21 795	49 011	75	7 791	52 704
广东	4 397	75 002	254 813	4 083	67 428	189 715	128	4 198	53 527
广西	898	8 054	30 509	859	4 490	10 585	39	3 564	19 924
海南	296	11 479	32 816	258	10 982	21 200	38	497	11 616
中农发集团									

各地区内陆辅助渔船年末拥有量

地区	合计			其中					
				捕捞辅助船			渔业执法船		
	艘	总吨	千瓦	艘	总吨	千瓦	艘	总吨	千瓦
全国总计	**14 456**	**97 406**	**282 605**	**12 330**	**83 584**	**134 855**	**1 845**	**20 316**	**158 412**
北京	15	70	1 451				15	70	1 451
天津	130	471	2 149	118	424	1 576	10	47	573
河北	55	491	3 102	13	50	536	32	341	2 466
山西	20	62	1 768				20	62	1 768
内蒙古	55	392	4 788	15	12	479	40	380	4 309
辽宁	76	8	6 938	46	12 432	16 888	30	660	3 906
吉林	78	656	3 893	21	27	128	38	609	3 450
黑龙江	115	1 728	11 553	19	65	424	96	1 663	11 129
上海	36	825	4 673	3	218	301	33	607	4 372
江苏	7 109	34 123	75 006	6 953	31 807	63 716	156	2 316	11 290
浙江	312	2 173	12 573	124	473	1 987	111	1 141	9 449
安徽	1 501	18 983	31 554	1 370	17 087	20 151	131	1 896	11 403
福建	23	128	1 418	4	6	18	19	122	1 400
江西	147	1 486	12 219	51	93	996	96	1 393	11 223
山东	218	1 080	7 174	158	373	1 830	57	715	5 293
河南	76	426	4 378				76	426	4 378
湖北	661	2 691	10 093	481	988	2 205	180	1 703	7 888
湖南	2 242	25 347	26 511	2 082	18 465	12 559	160	1 146	13 389
广东	374	1 975	18 253	301	482	5 953	73	1 493	12 300
广西	71	461	4 888	1	1	16	70	460	4 872
海南	2	35	76	2	665	76		700	
重庆	336	1 023	6 319	295	668	2 151	41	355	4 168
四川	394	977	9 501	175	275	1 659	105	616	7 144
贵州	147	459	6 673	49	73	487	72	386	6 186
云南	140	526	7 153	45	209	552	73	268	6 289
西藏									
陕西	31	198	2 118	3	1	20	27	170	2 098
甘肃	17	66	528				10	45	510
青海	19	167	1 957				19	167	1 957
宁夏	22	118	1 760				22	118	1 760
新疆	34	261	2 138	1	20	147	33	241	1 991

各地区非机动渔船年末拥有量

地　　区	合　计		其　中			
			海洋渔业非机动渔船		内陆渔业非机动渔船	
	艘	总吨	艘	总吨	艘	总吨
全国总计	**370 073**	**456 837**	**7 427**	**13 073**	**362 646**	**443 764**
北　　京	354	35			354	35
天　　津	454	285			454	285
河　　北	4 993	2 190			4 993	2 190
山　　西	34	34			34	34
内 蒙 古	225	177			225	177
辽　　宁	2 536	3 258	415	458	2 121	2 800
吉　　林	2 792	1 709			2 792	1 709
黑 龙 江	4 588	2 230			4 588	2 230
上　　海	97	63			97	63
江　　苏	123 192	240 299	245	467	122 947	239 832
浙　　江	22 895	28 789	890	1 069	22 005	27 720
安　　徽	25 017	53 395			25 017	53 395
福　　建	2 214	2 202	2 037	2 048	177	154
江　　西	23 182	23 201			23 182	23 201
山　　东	36 043	19 108	1 299	1 201	34 744	17 907
河　　南	6 867	5 777			6 867	5 777
湖　　北	55 036	52 968			55 036	52 968
湖　　南	38 882				38 882	
广　　东	3 522	8 249	2 250	6 683	1 272	1 566
广　　西	553	1 160	205	979	348	181
海　　南	86	168	86	168		
重　　庆	808	692			808	692
四　　川	5 865	3 827			5 865	3 827
贵　　州	718	358			718	358
云　　南	7 579	5 557			7 579	5 557
西　　藏						
陕　　西	670	617			670	617
甘　　肃	29	29			29	29
青　　海						
宁　　夏	161				161	
新　　疆	681	460			681	460

3－4 基础设施

各地区渔业基础设施情况

单位：个

地　　区	国家级水产原良种场	渔港合计	其中：沿海中心渔港	其中：沿海一级渔港	其中：内陆重点渔港	国家级水产种质资源保护区	国家级水生野生动植物自然保护区
全国总计	**80**	**180**	**66**	**82**	**32**	**492**	**23**
北　　京	3						
天　　津	2						
河　　北	4	8	3	4	1	17	
山　　西	1					2	
内 蒙 古	1	1			1	9	
辽　　宁	1	10	3	6	1	5	1
吉　　林	1	2			2	24	1
黑 龙 江	1	3			3	23	
上　　海	1	1		1			
江　　苏	7	12	6	5	1	31	
浙　　江	6	22	9	13		5	
安　　徽	2	3			3	25	
福　　建	1	22	8	13	1	10	1
江　　西	4	2			2	24	
山　　东	12	21	11	9	1	38	
河　　南						17	
湖　　北	10	4			4	66	3
湖　　南	4	4			4	32	1
广　　东	5	19	8	11		16	5
广　　西	2	9	4	4	1	3	
海　　南	1	10	6	4		2	1
重　　庆	1	2			2	2	1
四　　川	2	3			3	30	2
贵　　州		1			1	19	1
云　　南						15	1
西　　藏						4	
陕　　西	1					18	3
甘　　肃	1					19	2
青　　海	1					12	
宁　　夏						5	
新　　疆		1			1	10	
大　　连	3	9	3	6			
青　　岛	1	6	3	3			
宁　　波		4	1	3			
厦　　门	1	1	1				
深　　圳							
新疆兵团							
黄渤海区渔政局						4	
东海区渔政局						3	
南海区渔政局						2	

3－5 渔业人口

全国渔业人口与从业人员

指 标	计量单位	2015 年	2014 年	2015 年比 2014 年增减(±)	其中:海洋渔业		
					2015 年	2014 年	2015 年比 2014 年增减(±)
1. 渔业乡	个	753	752	1	381	378	3
2. 渔业村	个	8 453	8 623	－170	3 648	4 177	－529
3. 渔业户	户	5 037 811	5 060 895	－23 084	1 452 103	1 441 274	10 829
4. 渔业人口	人	20 169 600	20 350 435	－180 835	5 747 189	5 707 101	40 088
其中:传统渔民	人	6 784 648	6 864 047	－79 399	3 055 894	3 069 656	－13 762
5. 渔业从业人员	人	14 148 513	14 290 201	－141 688	3 805 161	3 852 724	－47 563
(1)专业从业人员	人	7 730 839	7 814 451	－83 612	2 337 697	2 369 429	－31 732
其中:女性	人	1 552 559	1 613 227	－60 668	343 637	347 150	－3 513
其中:捕捞	人	1 753 618	1 817 334	－63 716	1 025 807	1 060 566	－34 759
养殖	人	5 103 175	5 124 211	－21 036	916 947	914 858	2 089
其他	人	874 046	872 906	1 140	394 943	394 005	938
(2)兼业从业人员	人	4 818 272	4 848 452	－30 180	911 001	916 142	－5 141
(3)临时从业人员	人	1 599 402	1 627 298	－27 896	556 463	567 153	－10 690

各地区渔业人口与从业人员(一)

地　　区	1. 渔业乡(个)	2. 渔业村(个)	3. 渔业户(户)	4. 渔业人口(人)		5. 渔业从业人员(人)
				小　计	其中:传统渔民	
全国总计	**753**	**8 453**	**5 037 811**	**20 169 600**	**6 784 648**	**14 148 513**
北　京	18	57	6 238	27 311	11 155	17 809
天　津		6	15 206	52 832	15 900	38 026
河　北	39	258	65 513	280 330	157 022	221 682
山　西			1 320	6 269		6 060
内蒙古	4	32	8 631	43 779	6 966	30 326
辽　宁	132	656	189 707	733 587	436 917	543 727
吉　林	1	4	22 192	84 310	969	70 134
黑龙江			51 487	198 426	158 741	123 903
上　海		18	9 416	34 548	9 488	25 199
江　苏	40	435	333 366	1 438 089	446 757	1 120 484
浙　江	77	760	319 412	1 077 777	426 122	755 862
安　徽	12	196	207 396	866 668	297 476	669 471
福　建	53	605	428 732	1 750 012	909 258	952 220
江　西	23	346	332 443	1 512 443	330 285	936 470
山　东	96	1 346	463 002	1 764 266	670 319	1 487 021
河　南	26	555	140 465	545 163	30 235	459 756
湖　北	49	836	515 163	1 751 428	721 685	1 312 604
湖　南	5	275	284 662	1 296 782	176 210	907 271
广　东	97	1 022	525 885	2 350 775	1 028 552	1 275 172
广　西	15	208	234 431	1 022 787	324 545	819 745
海　南	29	396	88 047	472 271	236 123	249 234
重　庆		5	134 576	460 756	11 090	345 728
四　川	35	171	483 254	1 654 706	222 233	1 147 552
贵　州		15	78 432	295 684	48 532	275 629
云　南		5	68 595	320 164	87 157	261 718
西　藏		2	94	321	152	268
陕　西	2	241	20 344	80 682	14 338	54 284
甘　肃			2 210	9 781	902	7 834
青　海			104	2 752		2 752
宁　夏			3 430	16 260		16 398
新　疆		3	4 058	18 641	5 519	14 174

各地区渔业人口与从业人员(二)

单位:人

地区	(1)专业从业人员					(2)兼业从业人员	(3)临时从业人员
	小计	其中:女性	a. 捕捞	b. 养殖	c. 其他		
全国总计	**7 730 839**	**1 552 559**	**1 753 618**	**5 103 175**	**874 046**	**4 818 272**	**1 599 402**
北京	10 526	4 221	1 173	7 249	2 104	4 413	2 870
天津	18 881	253	5 205	12 856	820	12 435	6 710
河北	116 249	21 954	43 746	56 817	15 686	45 543	59 890
山西	3 191	565	321	2 624	246	1 706	1 163
内蒙古	16 359	3 943	5 222	9 724	1 413	11 363	2 604
辽宁	363 690	53 076	128 613	205 404	29 673	111 202	68 835
吉林	18 518	2 962	3 929	13 258	1 331	44 055	7 561
黑龙江	85 822	25 747	21 720	55 369	8 733	32 141	5 940
上海	21 601	2 122	6 131	14 664	806	2 817	781
江苏	673 033	161 281	167 366	467 800	37 867	315 049	132 402
浙江	482 090	90 839	165 567	200 969	115 554	170 781	102 991
安徽	334 420	84 193	62 683	239 142	32 595	257 051	78 000
福建	575 660	87 685	196 831	301 428	77 401	297 007	79 553
江西	423 541	87 573	59 667	307 032	56 842	402 526	110 403
山东	756 597	142 683	212 943	365 547	178 107	370 948	359 476
河南	211 766	50 275	29 423	157 492	24 851	208 680	39 310
湖北	897 321	255 428	81 364	768 436	47 521	297 138	118 145
湖南	449 624	99 632	54 463	362 748	32 413	407 709	49 938
广东	837 113	138 860	259 147	514 136	63 830	367 473	70 586
广西	416 007	53 626	69 211	307 421	39 375	316 354	87 384
海南	197 741	32 937	116 097	55 070	26 574	43 680	7 813
重庆	176 459	61 453	12 406	152 224	11 829	118 260	51 009
四川	379 555	61 564	23 650	307 224	48 681	693 945	74 052
贵州	112 050	5 762	6 983	96 313	8 754	141 166	22 413
云南	96 726	15 765	13 693	75 792	7 241	114 638	50 354
西藏	208		92	116		60	
陕西	31 661	4 191	1 733	27 483	2 445	18 928	3 695
甘肃	3 216	287		3 131	85	3 492	1 126
青海	2 383	635	2 047	301	35	198	171
宁夏	9 305	1 646	787	8 060	458	4 498	2 595
新疆	9 526	1 401	1 405	7 345	776	3 016	1 632

各地区海洋渔业人口与从业人员(一)

地　　区	1. 渔业乡（个）	2. 渔业村（个）	3. 渔业户（户）	4. 渔业人口（人）		5. 渔业从业人员（人）
				小　计	其中:传统渔民	
全国总计	**381**	**3 648**	**1 452 103**	**5 747 189**	**3 055 894**	**3 805 161**
北　　京						397
天　　津		5	3 168	11 590	6 343	6 177
河　　北	12	82	37 347	147 043	112 037	128 166
山　　西						
内 蒙 古						
辽　　宁	78	364	134 054	512 610	317 973	363 926
吉　　林						
黑 龙 江						
上　　海		5	882	9 708	2 688	4 528
江　　苏	12	101	42 482	263 204	94 040	180 591
浙　　江	70	570	218 021	670 566	307 902	382 323
安　　徽						
福　　建	53	582	354 442	1 425 486	817 507	759 597
江　　西						
山　　东	62	857	296 080	946 809	373 982	999 904
河　　南						
湖　　北						
湖　　南						
广　　东	70	626	225 537	1 089 806	723 165	518 697
广　　西	5	110	64 841	309 112	87 483	259 688
海　　南	19	346	75 249	361 255	212 774	201 167
重　　庆						
四　　川						
贵　　州						
云　　南						
西　　藏						
陕　　西						
甘　　肃						
青　　海						
宁　　夏						
新　　疆						

各地区海洋渔业人口与从业人员(二)

单位:人

地区	(1)专业从业人员					(2)兼业从业人员	(3)临时从业人员
	小计	其中:女性	a. 捕捞	b. 养殖	c. 其他		
全国总计	**2 337 697**	**343 637**	**1 025 807**	**916 947**	**394 943**	**911 001**	**556 463**
北京	397		379		18		
天津	3 295	200	1494	1210	591	2 692	190
河北	65 780	3 021	28 230	25 907	11 643	12 100	50 286
山西							
内蒙古							
辽宁	245 061	37 373	113 088	108 318	23 655	68 365	50 500
吉林							
黑龙江							
上海	4 292	108	4 056		236	98	138
江苏	104 653	29 858	57 194	39 797	7 662	59 026	16 912
浙江	269 518	35 819	136 614	58 664	74 240	57 195	55 610
安徽							
福建	477 792	74 333	184 998	225 001	67 793	212 312	69 493
江西							
山东	443842	77459	137714	169695	136 433	301 184	254 878
河南							
湖北							
湖南							
广东	380 607	51 030	217 765	123 871	38 971	109 283	28 807
广西	175 302	13 037	37 833	126 942	10 527	61 941	22 445
海南	167 158	21 399	106 442	37 542	23 174	26 805	7 204
重庆							
四川							
贵州							
云南							
西藏							
陕西							
甘肃							
青海							
宁夏							
新疆							

第四部分

加工与贸易

4 -1　水产品加工

全国水产加工情况

指　标	计量单位	2015 年	2014 年	2015 年比 2014 年增减(±)	
				绝对量	幅度(%)
1. 水产加工企业	个	9 892	9 663	229	2.37
水产品加工能力	吨/年	28 103 260	28 472 396	-369 136	-1.30
其中:规模以上加工企业	个	2 753	2 749	4	0.15
2. 水产冷库	座	8 654	8 624	30	0.35
冻结能力	吨/日	919 186	671 780	247 406	36.83
冷藏能力	吨/次	5 006 595	5 191 248	-184 653	-3.56
制冰能力	吨/日	252 824	237 794	15 030	6.32
3. 水产加工品总量	吨	20 923 127	20 531 593	391 534	1.91
淡水加工产品	吨	3 739 044	3 745 247	-6 203	-0.17
海水加工产品	吨	17 184 083	16 786 346	397 737	2.37
(1)水产冷冻品	吨	13 764 943	13 171 461	593 482	4.51
其中:冷冻品	吨	6 790 609	6 548 543	242 066	3.70
冷冻加工品	吨	6 974 334	6 622 918	351 416	5.31
(2)鱼糜制品及干腌制品	吨	3 092 443	3 068 782	23 661	0.77
其中:鱼糜制品	吨	1 454 220	1 517 924	-63 704	-4.20
干腌制品	吨	1 638 223	1 550 858	87 365	5.63
(3)藻类加工品	吨	981 973	1 087 052	-105 079	-9.67
(4)罐制品	吨	413 137	399 892	13 245	3.31
(5)水产饲料(鱼粉)	吨	711 199	759 920	-48 721	-6.41
(6)鱼油制品	吨	73 096	101 325	-28 229	-27.86
(7)其他水产加工品	吨	1 082 853	1 940 161	-857 308	-44.19
其中:助剂和添加剂	吨	82 666	89 294	-6 628	-7.42
珍珠	千克	234 966	162 235	72 731	44.83
4. 用于加工的水产品总量	吨	22 743 305	21 923 736	819 569	3.74
其中:淡水产品	吨	5 618 696	5 486 063	132 633	2.42
海水产品	吨	17 124 609	16 437 673	686 936	4.18
5. 部分水产品年加工量	吨	1 535 380	1 727 022	-191 642	-11.10
其中:对虾	吨	553 777	520 198	33 579	6.46
克氏原螯虾	吨	181 245	181 866	-621	-0.34
罗非鱼	吨	630 973	859 202	-228 229	-26.56
鳗鱼	吨	111 838	107 394	4 444	4.14
斑点叉尾鮰	吨	57 547	58 362	-815	-1.40

各地区水产加工品总量

单位:吨

地区	2015年		2014年		2015年比2014年增减(±)			
					绝对量		幅度(%)	
	水产加工品总量	其中:淡水加工产品	水产加工品总量	其中:淡水加工产品	水产加工品总量	其中:淡水加工产品	水产加工品总量	其中:淡水加工产品
全国总计	**20 923 127**	**3 739 044**	**20 531 593**	**3 745 247**	**391 534**	**-6 203**	**1.91**	**-0.17**
北京	5 211	1 807	5 594	2 185	-383	-378	-6.85	-17.30
天津	1 094	584	1 136	626	-42	-42	-3.70	-6.71
河北	79 620	13 626	82 149	11 850	-2 529	1 776	-3.08	14.99
山西								
内蒙古	7 390	7 390	6 937	6 937	453	453	6.53	6.53
辽宁	2 376 732	34 147	2 280 973	35 091	95 759	-944	4.20	-2.69
吉林	180 482	1 892	12 283	1 548	168 199	344	1 369.36	22.22
黑龙江	5 799	5 799	2 145	2 145	3 654	3 654	170.35	170.35
上海	16 705	10 455	22 467	15 139	-5 762	-4 684	-25.65	-30.94
江苏	1 596 319	848 966	1 618 495	893 144	-22 176	-44 178	-1.37	-4.95
浙江	2 142 256	87 845	2 282 542	111 415	-140 286	-23 570	-6.15	-21.16
安徽	198 730	188 394	183 501	171 595	15 229	16 799	8.30	9.79
福建	3 326 705	156 705	3 126 751	152 871	199 954	3 834	6.39	2.51
江西	360 483	360 483	345 397	345 397	15 086	15 086	4.37	4.37
山东	6 787 726	95 702	6 741 355	91 620	46 371	4 082	0.69	4.46
河南	22 169	22 169	21 531	21 531	638	638	2.96	2.96
湖北	999 886	999 886	942 369	942 369	57 517	57 517	6.10	6.10
湖南	144 683	144 683	153 461	153 461	-8 778	-8 778	-5.72	-5.72
广东	1 396 426	356 883	1 408 781	383 026	-12 355	-26 143	-0.88	-6.83
广西	717 668	150 155	732 166	165 274	-14 498	-15 119	-1.98	-9.15
海南	501 234	195 664	523 849	200 737	-22 615	-5 073	-4.32	-2.53
重庆	805	805	711	711	94	94	13.22	13.22
四川	4 178	4 178	3 900	3 900	278	278	7.13	7.13
贵州	1 321	1 321	1 372	1 372	-51	-51	-3.72	-3.72
云南	41 029	41 029	24 908	24 908	16 121	16 121	64.72	64.72
西藏								
陕西	965	965	855	430	110	535	12.87	124.42
甘肃								
青海	3 000	3 000	3 000	3 000				
宁夏	180	180	150	150	30	30	20.00	20.00
新疆	4 331	4 331	2 815	2 815	1 516	1 516	53.85	53.85

各地区水产加工品总量(按品种分)(一)

单位:吨

地　区	水产加工品总量			1. 水产冷冻品		
		淡水加工品	海水加工品		冷冻品	冷冻加工品
全国总计	**20 923 127**	**3 739 044**	**17 184 083**	**13 764 943**	**6 790 609**	**6 974 334**
北　京	5 211	1 807	3 404	4 940	3 171	1 769
天　津	1 094	584	510	1 094	1 094	
河　北	79 620	13 626	65 994	58 111	32 348	25 763
山　西						
内蒙古	7 390	7 390		5 115	4 914	201
辽　宁	2 376 732	34 147	2 342 585	1 739 107	453 071	1 286 036
吉　林	180 482	1 892	178 590	171 989	95 740	76 249
黑龙江	5 799	5 799		4 235	4 235	
上　海	16 705	10 455	6 250	16 705	5 735	10 970
江　苏	1 596 319	848 966	747 353	620 050	397 891	222 159
浙　江	2 142 256	87 845	2 054 411	1 626 384	1 151 551	474 833
安　徽	198 730	188 394	10 336	142 826	66 275	76 551
福　建	3 326 705	156 705	3 170 000	1 829 795	920 229	909 566
江　西	360 483	360 483		122 686	75 079	47 607
山　东	6 787 726	95 702	6 692 024	4 827 875	2 535 026	2 292 849
河　南	22 169	22 169		19 970	6 365	13 605
湖　北	999 886	999 886		431 718	145 871	285 847
湖　南	144 683	144 683		82 892	62 099	20 793
广　东	1 396 426	356 883	1 039 543	941 052	398 576	542 476
广　西	717 668	150 155	567 513	625 883	154 730	471 153
海　南	501 234	195 664	305 570	445 107	249 144	195 963
重　庆	805	805		102	100	2
四　川	4 178	4 178		2 458	158	2 300
贵　州	1 321	1 321		150	150	
云　南	41 029	41 029		38 094	20 452	17 642
西　藏						
陕　西	965	965		965	965	
甘　肃						
青　海	3 000	3 000		3 000	3 000	
宁　夏	180	180				
新　疆	4 331	4 331		2 640	2 640	

各地区水产加工品总量(按品种分)(二)

单位:吨

地　区	2. 鱼糜制品及干腌制品			3. 藻类加工品	4. 罐制品	5. 鱼粉
		鱼糜制品	干腌制品			
全国总计	**3 092 443**	**1 454 220**	**1 638 223**	**981 973**	**413 137**	**711 199**
北　京						271
天　津						
河　北	4 521		4 521		10 354	5 538
山　西						
内蒙古	103		103	1 842	330	
辽　宁	164 649	52 501	112 148	245 991	22 485	68 616
吉　林	8 363	2 500	5 863		122	
黑龙江	1 564		1 564			
上　海						
江　苏	70 543	24 344	46 199	25 089	25 378	1 724
浙　江	224 388	100 898	123 490	20 477	49 800	192 935
安　徽	43 104	25 035	18 069		5 860	6 922
福　建	798 431	418 634	379 797	405 187	73 862	13 744
江　西	205 866	73 100	132 766	1 466	13 531	
山　东	738 320	363 968	374 352	273 655	121 985	297 847
河　南	1 874	692	1 182	220	105	
湖　北	525 700	261 528	264 172		40 142	
湖　南	57 160	13 488	43 672		3 212	33
广　东	200 519	95 299	105 220	1 774	44 731	90 740
广　西	32 359	14 811	17 548		571	3 041
海　南	10 670	5 124	5 546	5 800		27 642
重　庆	683	450	233		20	
四　川	1 720	1 350	370			
贵　州	1 171	498	673			
云　南	305		305	472	364	990
西　藏						
陕　西						
甘　肃						
青　海						
宁　夏					180	
新　疆	430		430		105	1 156

各地区水产加工品总量（按品种分）（三）

单位：吨

地　区	6. 鱼油制品	7. 其他水产加工品	其中	
			助剂和添加剂	珍珠（千克）
全国总计	**73 096**	**1 082 853**	**82 666**	**234 966**
北　京				
天　津				
河　北	221	875		
山　西				
内蒙古				
辽　宁	260	135 624		
吉　林	8			
黑龙江				
上　海				
江　苏		50 052	15	42 000
浙　江	1 116	27 156	1 000	1 287
安　徽		18		18 000
福　建	1 976	203 710	25 615	
江　西		16 934		129
山　东	67 571	460 473	51 480	
河　南				
湖　北		2 326	58	5 500
湖　南		1 386		164 000
广　东	63	117 547		4 050
广　西	1 084	54 730	4 498	
海　南		12 015		
重　庆				
四　川				
贵　州				
云　南	797	7		
西　藏				
陕　西				
甘　肃				
青　海				
宁　夏				
新　疆				

各地区用于加工的水产品量

单位:吨

地　区	用于加工的水产品量	其　中	
		淡水产品	海水产品
全国总计	**22 743 305**	**5 618 696**	**17 124 609**
北　京	5 713	2 309	3 404
天　津	1 097	587	510
河　北	274 940	15 171	259 769
山　西			
内蒙古	8 000	8 000	
辽　宁	3 402 987	46 841	3 356 146
吉　林	211 333	2 531	208 802
黑龙江	10 178	10 178	
上　海	16 787	10 537	6 250
江　苏	1 711 243	877 465	833 778
浙　江	2 591 134	107 379	2 483 755
安　徽	235 096	220 819	14 277
福　建	4 043 217	202 670	3 840 547
江　西	703 147	703 147	
山　东	4 174 938	81 976	4 092 962
河　南	41 974	41 974	
湖　北	1 893 641	1 893 641	
湖　南	147 352	147 352	
广　东	1 792 189	542 496	1 249 693
广　西	769 558	205 442	564 116
海　南	595 811	385 211	210 600
重　庆	2 351	2 351	
四　川	5 441	5 441	
贵　州	2 262	2 262	
云　南	92 322	92 322	
西　藏			
陕　西	965	965	
甘　肃			
青　海	4 000	4 000	
宁　夏	391	391	
新　疆	5 238	5 238	

各地区水产品加工企业、冷库基本情况

地　　区	水产品加工企业			水产品冷库			
	小计（个）	水产品加工能力（吨/年）	其中：规模以上加工企业（个）	数量（座）	冻结能力（吨/日）	冷藏能力（吨/次）	制冰能力（吨/日）
全国总计	**9 892**	**28 103 260**	**2 753**	**8 654**	**919 186**	**5 006 595**	**252 824**
北　　京	2	7 685		217	30	28 420	10
天　　津	4	965		15	230	201 180	40
河　　北	247	413 358	27	225	6 025	73 106	4 513
山　　西							
内 蒙 古	37	7 550	17	31	345	2 274	232
辽　　宁	915	2 982 129	375	632	68 311	663 275	17 767
吉　　林	86	191 885	30	47	170 374	171 780	115
黑 龙 江	32	5 050		21	205	2 380	160
上　　海	19	31 520	3	52	856	6 757	624
江　　苏	1 036	1 943 085	336	1 138	37 073	199 813	22 894
浙　　江	2 112	2 584 961	302	1 399	80 666	873 609	24 621
安　　徽	115	266 112	68	394	13 097	60 007	768
福　　建	1 214	4 639 796	419	799	29 976	417 204	19 238
江　　西	189	261 733	53	191	2 228	18 474	2 979
山　　东	1 873	8 713 709	656	2 042	368 979	1 669 047	97 210
河　　南	68	60 371	12	50	1 105	10 174	698
湖　　北	238	1 661 268	133	352	89 121	120 576	14 353
湖　　南	139	311 407	51	160	6 618	53 608	2 433
广　　东	1 075	2 328 055	144	562	22 416	288 669	17 923
广　　西	180	947 904	60	51	1 632	100 682	3 087
海　　南	227	477 462	41	156	6 332	31 221	22 979
重　　庆	6	3 310	3	31	12 106	5 227	72
四　　川	8	31 170	4	9	160	1 819	13
贵　　州	18	1 040	2	7	22	25	2
云　　南	39	210 184	10	22	413	3 345	66
西　　藏							
陕　　西	1	10		3	27	35	3
甘　　肃							
青　　海	2	4 000	2	3			10
宁　　夏	1	10 000	1	5	500	800	
新　　疆	9	7 541	4	40	339	3 088	14

4－2 水产品贸易

各地区水产品进出口贸易情况

单位：万美元，吨

地区	2015 年进出口		2014 年进出口		2015 年比 2014 年增减（±）			
					绝对量		幅度（%）	
	金额	数量	金额	数量	金额	数量	金额	数量
全国总计	**2 931 448.76**	**8 141 528**	**3 088 426.16**	**8 444 286**	**-156 977.41**	**-302 758**	**-5.08**	**-3.59**
北京	30 239.53	78 974	28 683.43	68 545	1 556.10	10 429	5.43	15.21
天津	32 574.34	91 694	38 188.86	124 906	-5 614.52	-33 212	-14.70	-26.59
河北	47 137.47	54 239	50 534.87	59 198	-3 397.40	-4 959	-6.72	-8.38
山西	22.75	99	15.78	79	6.97	21	44.19	26.10
内蒙古	15.28	73	52.34	137	-37.06	-64	-70.81	-46.84
辽宁	437 302.82	1 701 308	453 666.74	1 792 207	-16 363.92	-90 899	-3.61	-5.07
吉林	25 882.42	116 020	25 615.54	122 373	266.88	-6 353	1.04	-5.19
黑龙江	436.03	1 587	571.26	1 013	-135.23	574	-23.67	56.72
上海	113 934.85	176 710	121 732.05	237 359	-7 797.20	-60 649	-6.41	-25.55
江苏	44 534.14	97 245	48 180.52	101 856	-3 646.38	-4 611	-7.57	-4.53
浙江	220 556.22	643 862	241 438.30	648 861	-20 882.08	-4 999	-8.65	-0.77
安徽	5 456.66	11 394	7 667.94	15 900	-2 211.28	-4 506	-28.84	-28.34
福建	628 622.88	1 351 424	619 692.69	1 265 389	8 930.19	86 035	1.44	6.80
江西	29 461.24	18 781	32 854.96	20 319	-3 393.72	-1 538	-10.33	-7.57
山东	702 879.78	2 388 980	760 460.04	2 568 191	-57 580.27	-179 210	-7.57	-6.98
河南	2 133.85	6 859	2 258.60	5 566	-124.75	1 294	-5.52	23.24
湖北	27 685.29	26 995	40 224.36	40 855	-12 539.07	-13 860	-31.17	-33.92
湖南	2 268.26	2 245	2 749.23	5 286	-480.97	-3 041	-17.49	-57.54
广东	470 633.34	1 093 646	475 214.34	1 044 200	-4 581.00	49 446	-0.96	4.74
广西	45 132.71	103 469	60 320.34	115 287	-15 187.63	-11 818	-25.18	-10.25
海南	46 852.12	123 749	58 710.39	129 606	-11 858.28	-5 858	-20.20	-4.52
重庆	3 091.85	17 803	2 969.49	19 098	122.36	-1 295	4.12	-6.78
四川	8 122.11	18 402	7 096.02	20 591	1 026.08	-2 189	14.46	-10.63
贵州			1.45		-1.45			
云南	4 818.95	11 548	7 702.49	33 790	-2 883.55	-22 242	-37.44	-65.82
陕西	371.87	1 026	241.54	173	130.33	853	53.96	493.78
甘肃								
青海	806.92	1 215	1 148.26	2 130	-341.34	-915	-29.73	-42.96
宁夏	57.52	227	47.98	215	9.55	12	19.89	5.70
新疆	417.55	1 953	386.34	1 157	31.21	796	8.08	68.84

各地区水产品出口贸易情况

单位:万美元,吨

地　　区	2015 年出口		2014 年出口		2015 年比 2014 年增减(±)			
					绝对量		幅度(%)	
	金额	数量	金额	数量	金额	数量	金额	数量
全国总计	**2 033 296.31**	**4 060 270**	**2 169 842.38**	**4 163 328**	**-136 546.08**	**-103 059**	**-6.29**	**-2.48**
北　京	160.04	216	152.15	110	7.90	106	5.19	96.28
天　津	4 348.21	7 484	5 316.67	6 994	-968.46	490	-18.22	7.01
河　北	45 642.36	46 941	45 634.37	44 651	7.99	2 289	0.02	5.13
山　西	0.05		0.05				5.92	
内蒙古								
辽　宁	276 881.45	733 937	289 190.63	778 064	-12 309.19	-44 126	-4.26	-5.67
吉　林	12 514.36	42 847	10 369.77	30 252	2 144.59	12 594	20.68	41.63
黑龙江	64.64	410	229.68	564	-165.04	-154	-71.86	-27.29
上　海	9 635.27	10 398	9 248.05	9 557	387.22	840	4.19	8.79
江　苏	35 520.97	55 509	37 146.57	51 301	-1 625.60	4 208	-4.38	8.20
浙　江	187 909.82	467 984	211 815.34	498 176	-23 905.52	-30 192	-11.29	-6.06
安　徽	4 133.46	3 978	6 390.88	6 390	-2 257.42	-2 412	-35.32	-37.74
福　建	549 417.11	853 760	549 160.48	794 043	256.63	59 716	0.05	7.52
江　西	27 131.46	9 030	31 228.65	9 858	-4 097.20	-828	-13.12	-8.40
山　东	449 037.72	1 077 331	483 589.46	1 169 501	-34 551.74	-92 170	-7.14	-7.88
河　南	223.58	260	899.64	801	-676.06	-542	-75.15	-67.57
湖　北	26 475.23	21 672	39 270.47	32 038	-12 795.24	-10 366	-32.58	-32.35
湖　南	2 252.30	2 215	2 491.51	3 412	-239.21	-1 198	-9.60	-35.09
广　东	309 882.65	513 998	327 230.64	481 704	-17 347.99	32 294	-5.30	6.70
广　西	41 108.52	82 000	58 496.16	106 827	-17 387.64	-24 827	-29.72	-23.24
海　南	44 760.31	121 938	54 998.26	123 973	-10 237.94	-2 035	-18.62	-1.64
重　庆	1.18	1	0.60	1	0.57		94.62	
四　川	3 211.58	1 342	1 962.74	987	1 248.83	354	63.63	35.88
贵　州								
云　南	2 027.16	5 470	3 672.41	11 758	-1 645.25	-6 288	-44.80	-53.48
陕　西	2.42	1	30.31	24	-27.89	-23	-92.01	-94.18
甘　肃								
青　海	806.92	1 215	1 148.26	2 130	-341.34	-915	-29.73	-42.96
宁　夏	1.94				1.94			
新　疆	145.58	333	168.63	211	-23.04	122	-13.66	57.77

各地区水产品进口贸易情况

单位:万美元,吨

地区	2015年进口		2014年进口		2015年比2014年增减(±)			
					绝对量		幅度(%)	
	金额	数量	金额	数量	金额	数量	金额	数量
全国总计	**898 152.45**	**4 081 259**	**918 583.78**	**4 280 957**	**-20 431.33**	**-199 699**	**-2.22**	**-4.66**
北京	30 079.48	78 758	28 531.28	68 435	1 548.20	10 323	5.43	15.08
天津	28 226.13	84 210	32 872.19	117 912	-4 646.06	-33 702	-14.13	-28.58
河北	1 495.11	7 298	4 900.50	14 547	-3 405.39	-7 249	-69.49	-49.83
山西	22.70	99	15.73	79	6.97	21	44.30	26.11
内蒙古	15.28	73	52.34	137	-37.06	-64	-70.81	-46.84
辽宁	160 421.37	967 371	164 476.11	1 014 143	-4 054.74	-46 773	-2.47	-4.61
吉林	13 368.06	73 173	15 245.77	92 121	-1 877.71	-18 948	-12.32	-20.57
黑龙江	371.39	1 177	341.58	449	29.81	728	8.73	162.19
上海	104 299.58	166 313	112 484.00	227 802	-8 184.43	-61 489	-7.28	-26.99
江苏	9 013.17	41 736	11 033.96	50 555	-2 020.78	-8 819	-18.31	-17.44
浙江	32 646.40	175 878	29 622.96	150 685	3 023.44	25 194	10.21	16.72
安徽	1 323.20	7 416	1 277.06	9 510	46.14	-2 094	3.61	-22.02
福建	79 205.77	497 664	70 532.22	471 346	8 673.56	26 318	12.30	5.58
江西	2 329.79	9 751	1 626.31	10 462	703.48	-710	43.26	-6.79
山东	253 842.06	1 311 649	276 870.59	1 398 689	-23 028.53	-87 040	-8.32	-6.22
河南	1 910.27	6 600	1 358.96	4 764	551.31	1 835	40.57	38.52
湖北	1 210.06	5 323	953.89	8 818	256.17	-3 494	26.85	-39.63
湖南	15.96	30	257.73	1 874	-241.77	-1 844	-93.81	-98.41
广东	160 750.69	579 648	147 983.70	562 496	12 766.99	17 152	8.63	3.05
广西	4 024.19	21 469	1 824.18	8 460	2 200.02	13 009	120.60	153.77
海南	2 091.80	1 811	3 712.14	5 634	-1 620.34	-3 823	-43.65	-67.86
重庆	3 090.67	17 802	2 968.88	19 097	121.79	-1 295	4.10	-6.78
四川	4 910.53	17 061	5 133.28	19 603	-222.75	-2 543	-4.34	-12.97
贵州			1.45		-1.45			
云南	2 791.78	6 079	4 030.08	22 033	-1 238.30	-15 954	-30.73	-72.41
陕西	369.45	1 024	211.23	149	158.22	875	74.91	588.19
甘肃								
青海								
宁夏	55.58	227	47.98	215	7.60	12	15.84	5.72
新疆	271.97	1 620	217.71	946	54.25	674	24.92	71.32

第五部分

渔政管理

各地区渔政管理机构情况(按机构性质分)

单位:个

地　　区	渔业执法机构个数	行政单位	参照公务员管理单位	事业单位
全国总计	**3 124**	**563**	**810**	**1 751**
部直属	2	1	1	
北　京	18	5	2	11
天　津	15	2	9	4
河　北	131	29	16	86
山　西	90	42	1	47
内蒙古	112	4	47	61
辽　宁	131	14	33	84
吉　林	65	1	9	55
黑龙江	110	26	56	28
上　海	11		10	1
江　苏	125	5	33	87
浙　江	128	6	61	61
安　徽	131	30	14	87
福　建	91	1	65	25
江　西	143	16	28	99
山　东	199	38	38	123
河　南	173	75	7	91
湖　北	145	16	30	99
湖　南	157	14	66	77
广　东	111	87	16	8
广　西	106	5	93	8
海　南	30	2	5	23
重　庆	45	2	29	14
四　川	213	29	31	153
贵　州	100	12	8	80
云　南	157	17	17	123
西　藏	10	8		2
陕　西	105	13	15	77
甘　肃	124	21	17	86
青　海	30	4	14	12
宁　夏	21	19		2
新　疆	84	10	38	36
新疆兵团	11	9	1	1

各地区渔政管理机构情况（按执法业务类型分）

单位：个

地　　区	渔政	渔监	船检	渔政渔监船检综合执法	渔政与农业执法单位合署	渔政与水产研究或推广单位合署	渔政与渔业生产单位合署
全国总计	**1 545**	**115**	**39**	**830**	**125**	**417**	**53**
部 直 属	1		1				
北　　京	18						
天　　津				15			
河　　北	65	4	2	27	13	19	1
山　　西	78	3		3		6	
内 蒙 古	32	1	1	35	8	34	1
辽　　宁	62	17	13	9		28	2
吉　　林	8	2		42		13	
黑 龙 江	74	1	1	30		3	1
上　　海	3			1	7		
江　　苏	43	8	1	65	1	6	1
浙　　江	41	11	14	45	7	9	1
安　　徽	51	4	2	54	2	16	2
福　　建	51	1		25	4	10	
江　　西	63	2		23	23	29	3
山　　东	120	14		50	2	13	
河　　南	121	5		29		17	1
湖　　北	36	1	1	101	5	1	
湖　　南	121	13		9		9	5
广　　东	34	1		73	1	1	1
广　　西	33	8		46	2	12	5
海　　南	14	5		11			
重　　庆	8			22	10	5	
四　　川	125	7	2	46	8	23	2
贵　　州	30	3		36	1	28	2
云　　南	42	1		23	10	62	19
西　　藏	10						
陕　　西	46		1	2	4	47	5
甘　　肃	94	2			6	22	
青　　海	15	1		5	8		1
宁　　夏	20					1	
新　　疆	76			3	3	2	
新疆兵团	10					1	

各地区渔政管理人员情况

单位:个

地 区	现有人数合计	按教育水平分				持渔业行政执法证人数
		大学本科以上	大学本科	大学专科	大学专科以下	
全国总计	**36 620**	**590**	**10 477**	**16 056**	**9 497**	**26 614**
部 直 属	56	19	34	3		
北 京	186	9	111	47	19	173
天 津	198	2	99	62	35	130
河 北	1 197	10	316	531	340	991
山 西	488	4	128	219	137	284
内 蒙 古	1 212	16	393	558	245	834
辽 宁	2 227	38	614	1125	450	1 914
吉 林	710	10	222	317	161	627
黑 龙 江	1 103	13	373	520	197	725
上 海	543	32	316	188	7	269
江 苏	2 264	56	642	931	635	1 775
浙 江	2 288	44	816	956	472	1 851
安 徽	1 339	12	283	678	366	911
福 建	1 357	14	499	397	447	891
江 西	1 233	31	324	485	393	981
山 东	2 994	53	1 065	1 147	729	2 409
河 南	1 735	12	310	865	548	1 120
湖 北	2 108	31	394	1 143	540	1 617
湖 南	1 409	19	286	749	355	1 109
广 东	2 392	52	682	837	821	1 753
广 西	1 002	12	312	448	230	690
海 南	864	14	201	418	231	560
重 庆	423	13	162	192	56	346
四 川	1 688	13	388	829	458	1 362
贵 州	542	5	157	298	82	388
云 南	1 286	8	284	607	387	641
西 藏	29	1	13	10	5	19
陕 西	1 678	5	251	603	819	1 002
甘 肃	1 055	28	420	433	174	481
青 海	275	3	75	140	57	250
宁 夏	138	5	85	42	6	136
新 疆	578	6	204	273	95	357
新疆兵团	23		18	5		18

第六部分

科技与推广

6－1　科技

全国渔业科技基本情况

一、渔业科研机构个数	**106**	其他	50 901
二、渔业科研机构从业人员（人）	**7 135**	非政府资金小计	191 212
1. 科技活动人员	5 217	技术性收入	134 326
按职称分：高级职称	1 729	2. 生产经营收入	325 309
中级职称	1 855	3. 其他收入	195 836
初级职称及其他	1 633	**四、科研机构固定资产情况**（千元）	
按学历分：研究生	1 336	年末固定资产合计	3 362 303
本科	2 018	**五、科技著述和专利申请情况**	
大专	757	发表科技论文（篇）	2 875
其他	455	国外发表	635
2. 生产经营活动人员	865	出版科技著作（种）	64
3. 其他人员	1 053	专利受理数（件）	914
三、本年度收入（千元）	**2 547 030**	专利授权（件）	739
1. 科技活动收入	2 025 885	发明专利	275
政府资金	1 834 673	国外授权	
财政拨款	1 312 152	拥有发明专利总数（件）	1 080
承担政府项目	471 620		

6－2 技术推广

各地区水产技术推广机构情况

单位:个

地区	数量			地(市)级站		县(市)级站		区域站		乡(镇)站	
		水产站	综合站	水产站	综合站	水产站	综合站	水产站	综合站	水产站	综合站
全国总计	**14 398**	**3 324**	**11 074**	**280**	**51**	**1 601**	**502**	**112**	**233**	**1 297**	**10 287**
北京	14	9	5	6	5	2					
天津	75	33	42			11	1	3	5	18	36
河北	244	90	154	11		68	70	10	64		20
山西	97	53	44	10		34	3			8	41
辽宁	398	183	215	13		50	11	23		96	204
吉林	616	48	568	9		38	6		4		558
内蒙古	85	71	14	9	3	61	11				
黑龙江	341	78	263	11		66					263
上海	60	9	51	8	1						50
江苏	961	137	824	13		75	12	7		41	812
浙江	476	74	402	10		55	13	5	7	3	382
安徽	624	145	479	11	4	62	20	10	25	61	430
福建	829	184	645	7	2	73	4			103	639
江西	1 180	107	1 073	10	1	87	12	9			1 060
山东	1 228	476	752	15	1	114	18			346	733
河南	442	131	311	17	1	88	30	1	5	24	275
湖北	849	378	471	15		76		19		267	471
湖南	1 451	196	1 255	12	2	85	43	7	10	92	1 199
广东	1 060	219	841	18	2	73	24	16	13	111	802
广西	800	78	722	13	1	64	32				689
海南	39	17	22	2		9	4			5	18
重庆	284	23	261			22	16				245
四川	1 297	148	1 149	8	8	80	47	2	97	57	997
贵州	289	73	216	8	1	61	29			3	186
云南	231	164	67	14	2	114	13			35	52
西藏											
陕西	95	78	17	10		67	17				
甘肃	80	36	44	8	5	26	36			1	3
青海	13	5	8		1	4	7				
宁夏	37	6	31	1	4	4	13				14
新疆	34	22	12	8	3	13	6		3		
大连	42	27	15			6				20	15
青岛	59	8	51			6	1			1	50
宁波	50	12	38			6				5	38
深圳	1	1									
厦门	9	1	8		1	1	2				5
新疆兵团	8	4	4	3	3		1				

各地区水产技术推广人员情况(一)

单位:人

地区	编制人数						实有人数					
	数量	省级站	地级站	县级站	区域站	乡级站	数量	省级站	地级站	县级站	区域站	乡级站
全国总计	**42 074**	**1 424**	**4 070**	**14 703**	**1 383**	**20 494**	**41 095**	**1 247**	**3 823**	**14 865**	**1 163**	**19 997**
北　京	227	76	138	13			219	74	133	12		
天　津	337	25		176	35	101	800	23		652	24	101
河　北	1 094	37	166	675	182	34	884	35	155	537	140	17
山　西	434	16	117	197		104	371	12	99	190		70
辽　宁	1 167	35	147	323	57	605	1 185	34	141	313	54	643
吉　林	2 659	32	90	343	61	2 133	2 555	30	81	344	47	2 053
内蒙古	1 071	61	317	693			994	64	286	644		
黑龙江	1 172	26	96	611		439	1 036	22	80	571		363
上　海	556	235	173			148	436	152	153			131
江　苏	2 926	52	179	613	30	2 052	2 750	50	155	629	25	1 891
浙　江	1 049	31	81	369	32	536	1 048	60	84	326	30	548
安　徽	1 564	15	143	522	138	746	1 360	13	112	504	120	611
福　建	1 608	35	155	425		993	1 224	25	145	393		661
江　西	2 175	20	77	660	41	1 377	2 036	19	74	619	24	1 300
山　东	3 314	21	218	1 165		1 910	3 446	21	257	1 156		2 012
河　南	1 402	38	201	846	8	309	1 504	35	238	893	11	327
湖　北	2 320	25	210	683	74	1 328	2 745	37	217	835	74	1 582
湖　南	2 886	20	139	672	45	2 010	2 893	17	120	632	44	2 080
广　东	2 315	65	246	572	104	1 328	2 310	57	231	541	83	1 398
广　西	2 601	18	110	508		1 965	2 351	16	103	486		1 746
海　南	115	8	14	52	10	31	108	15	21	50	2	20
重　庆	608	38		296		274	603	37		255		311
四　川	2 888	10	184	855	558	1 281	2 733	5	156	713	479	1 380
贵　州	835	12	90	498		235	647	11	47	396		193
云　南	1 204	23	207	843		131	1 146	20	195	800		131
西　藏												
陕　西	1 493	109	180	1 204			1 719	70	176	1 473		
甘　肃	639	120	154	354		11	648	93	155	393		7
青　海	87	20	3	64			85	20		65		
宁　夏	259	32	56	156		15	253	30	53	156		14
新　疆	252	76	49	119	8		211	62	45	98	6	
大　连	195	35		54		106	198	34		58		106
青　岛	316		20	69		227	340		19	68		253
宁　波	169	48		61		60	138	45		50		43
深　圳	35		35				42		42			
厦　门	50		39	6		5	49		36	8		5
新疆兵团	52	10	36	6			28	9	14	5		

各地区水产技术推广人员情况(二)

单位:人

地区	技术人员						技术职称			文化程度		
	数量	省级站	地级站	县级站	区域站	乡级站	高级	中级	初级	大本及以上	大专	中专
全国总计	**29 589**	**894**	**2 697**	**10 383**	**651**	**14 964**	**3 045**	**10 710**	**14 228**	**9 811**	**13 814**	**9 639**
北　京	126	52	66	8			25	39	55	107	33	16
天　津	226	21		112	19	74	71	78	65	150	81	64
河　北	638	27	127	405	63	16	131	268	231	336	276	132
山　西	285	9	67	159		50	21	91	140	99	113	103
辽　宁	959	27	115	246	42	529	82	346	496	326	501	225
吉　林	1 742	20	69	305	8	1 340	158	561	847	304	696	834
内蒙古	535	40	137	358			128	243	154	336	316	97
黑龙江	897	17	71	493		316	188	422	287	472	443	121
上　海	329	117	126			86	56	105	164	202	64	58
江　苏	2 222	38	129	575	25	1 455	279	929	909	618	991	571
浙　江	852	44	73	276	28	431	126	362	330	496	287	160
安　徽	1 079	12	81	389	106	491	132	503	426	291	606	287
福　建	1 051	21	113	353		564	181	363	435	428	393	294
江　西	1 509	19	52	459	17	962	75	488	814	294	668	599
山　东	2 697	17	136	911		1 633	250	943	1 397	1 030	1 240	680
河　南	1 075	23	168	636	6	242	108	401	493	340	529	332
湖　北	1 599	29	190	509	35	836	52	389	866	190	578	1 103
湖　南	2 197	9	73	507	16	1 592	57	594	1 504	328	920	1 291
广　东	1 471	34	172	352	45	868	93	295	866	599	698	561
广　西	1 856	14	88	382		1 372	51	681	1 066	424	1 101	464
海　南	67	12	18	33		4	8	21	32	51	26	19
重　庆	481	24		185		272	47	205	218	165	223	159
四　川	2 009	4	85	503	235	1 182	147	758	1 012	513	1 239	535
贵　州	581	7	41	340		193	29	263	278	128	262	191
云　南	937	18	156	663		100	173	443	318	382	474	170
西　藏												
陕　西	702	37	116	549			106	257	311	270	508	317
甘　肃	400	34	90	275		1	71	149	174	246	204	109
青　海	58	13		45			13	22	23	47	25	6
宁　夏	229	30	50	136		13	61	104	65	142	83	19
新　疆	118	49	5	58	6		21	75	50	76	11	1
大　连	141	28		48		65	13	56	64	104	71	20
青　岛	316		19	56		241	16	174	98	138	108	88
宁　波	117	39		47		31	47	47	23	101	21	9
深　圳	19		19				3	7	4	28	5	1
厦　门	45		32	8		5	19	19	5	30	15	3
新疆兵团	24	9	13	2			7	9	8	20	5	

各地区水产技术推广机构性质(一)

单位:个

地　区	行政单位						全额					
	小计	省级站	地级站	县级站	区域站	乡级站	小计	省级站	地级站	县级站	区域站	乡级站
全国总计	**171**	**1**	**12**	**49**	**3**	**106**	**11 652**	**33**	**299**	**1 890**	**302**	**9 128**
北　京							14	1	11	2		
天　津	4			1	3		12	1		11		
河　北	5			5			203	1	10	115	59	18
山　西							84	1	8	32		43
辽　宁							303	1	12	59	23	208
吉　林							542	1	9	43	4	485
内蒙古							80	1	12	67		
黑龙江							341	1	11	66		263
上　海	1		1				57	1	8			48
江　苏	27					25	713	1	13	82	7	610
浙　江	12		1	1		10	419	1	9	65	12	332
安　徽	8			3		5	539	1	15	75	35	413
福　建	5					5	821	1	9	76		735
江　西							795	1	11	99	7	677
山　东	12			5		7	1 148	1	15	116		1 016
河　南	15			15			368	1	16	78	6	267
湖　北							372	1	8	35	13	315
湖　南	46		1	6		39	721	1	9	112	8	591
广　东	16		1	3		12	815	1	17	74	26	697
广　西	1			1			799	1	14	95		689
海　南	3					3	22		2	8		12
重　庆							283	1		37		245
四　川	13	1	4	8			1 283		12	118	99	1 054
贵　州							289	1	9	90		189
云　南	2		1	1			229	1	15	126		87
西　藏												
陕　西							92	1	10	81		
甘　肃	2		2				76	1	11	60		4
青　海	1		1				12	1		11		
宁　夏							37	1	5	17		14
新　疆							12	1	11	19	3	
大　连							42	1		6		35
青　岛							40	1		6		33
宁　波							50	1		6		43
深　圳							1	1				
厦　门							9		1	3		5
新疆兵团							7	1	6			

各地区水产技术推广机构性质(二)

单位:个

地区	差额						自收自支					
	小计	省级站	地级站	县级站	区域站	乡级站	小计	省级站	地级站	县级站	区域站	乡级站
全国总计	**1 827**	**1**	**17**	**122**	**21**	**1 666**	**748**		**5**	**40**	**19**	**684**
北　京												
天　津	8					8	51				5	46
河　北	20		1	16	3		16			2	12	2
山　西	10		1	3		6	3		1	2		
辽　宁	6			2		4	89		1			88
吉　林	62			1		61	12					12
内蒙古	5			5								
黑龙江												
上　海	1					1	1					1
江　苏	199			4		195	24			1		23
浙　江	43					43	2			2		
安　徽	67			2		65	10			2		8
福　建	3			1		2						
江　西	383					383	2				2	
山　东	35		1	9		25	33			2		31
河　南	49		1	18		30	10		1	7		2
湖　北	436		7	32	6	391	41			9		32
湖　南	323		4	8	9	302	361			2		359
广　东	142			12	3	127	87		2	8		77
广　西												
海　南	10	1		4		5	4			1		3
重　庆							1			1		
四　川	1			1								
贵　州												
云　南												
西　藏												
陕　西	3			3								
甘　肃	2		2									
青　海												
宁　夏												
新　疆												
大　连												
青　岛	19			1		18						
宁　波												
深　圳												
厦　门												
新疆兵团							1			1		

各地区水产技术推广机构经费情况(一)

单位:万元

地　　区	总　计	人　员　经　费					
		小　计	省级站	地级站	县级站	区域站	乡级站
全国总计	**232 935.50**	**180 861.47**	**15 033.72**	**27 011.68**	**59 958.10**	**3 434.80**	**75 423.17**
北　京	2 711.38	2 125.98	1 262.17	770.61	93.20		
天　津	3 213.34	2 482.02	336.91		1 730.61	86.00	328.50
河　北	5 187.95	3 500.24	336.41	916.20	1 816.03	392.30	39.30
山　西	1 398.83	750.20	96.43	305.55	208.22		140.00
辽　宁	5 521.00	4 470.00	387.00	852.00	1 408.00	106.00	1 717.00
吉　林	23 263.10	22 691.60	426.10	627.00	1 436.00	169.50	20 033.00
内 蒙 古	6 470.81	6 005.14	551.06	1 857.62	3 596.46		
黑 龙 江	5 253.42	3 729.49	279.21	626.59	1 379.09		1 444.60
上　海	11 908.39	6 274.17	3 318.95	2 309.62			645.60
江　苏	19 885.71	15 874.55	420.79	1 833.10	4 515.82	68.50	9 036.34
浙　江	13 399.64	7 864.26	355.59	1 265.51	2 917.26	49.30	3 276.60
安　徽	6 642.71	5 568.73	194.90	858.28	2 023.72	359.80	2 132.03
福　建	9 541.04	6 624.37	370.00	1 352.89	2 244.99		2 656.49
江　西	5 264.27	4 351.07	269.57	300.00	1 562.70	58.50	2 160.30
山　东	14 883.35	12 660.90	383.70	1 333.80	4 304.90		6 638.50
河　南	5 506.84	4 358.40	193.48	1 052.19	1 969.53	9.60	1 133.60
湖　北	9 109.00	6 114.00	123.00	604.00	1 570.00	91.00	3 726.00
湖　南	5 897.54	5 155.40	180.00	532.10	1 837.60	70.50	2 535.20
广　东	10 891.00	8 617.00	1 073.00	1 801.00	2 139.00	139.00	3 465.00
广　西	8 744.69	7 763.43	177.76	664.41	1 754.36		5 166.90
海　南	1 286.22	517.22	75.00	162.17	216.61	9.24	54.20
重　庆	4 220.81	2 302.28	208.92		1 397.86		695.50
四　川	12 225.00	10 713.00	30.00	1 113.00	2 878.00	1 808.00	4 884.00
贵　州	2 113.24	1 542.38	93.78	246.00	1 193.40		9.20
云　南	7 758.21	6 728.61	112.78	1 174.51	4 584.03		857.29
西　藏							
陕　西	9 088.33	8 153.33	456.33	1 145.00	6 552.00		
甘　肃	3 989.40	3 446.14	640.00	1 252.85	1 525.09		28.20
青　海	2 866.07	583.28	315.74	1.00	266.54		
宁　夏	1 950.40	1 410.20	354.00	355.00	639.00		62.20
新　疆	1 625.50	1 104.57	543.47	229.14	314.40	17.56	
大　连	3 473.56	1 662.87	353.87		749.00		560.00
青　岛	2 688.66	2 393.70		230.00	553.08		1 610.62
宁　波	2 115.70	1 846.80	1 014.00		470.80		362.00
深　圳	1 316.44	675.34		675.34			
厦　门	1 012.80	470.90		381.10	64.80		25.00
新疆兵团	511.15	329.90	99.80	184.10	46.00		

各地区水产技术推广机构经费情况(二)

单位:万元

地　区	业务经费					
	小　计	省级站	地级站	县级站	区域站	乡级站
全国总计	**52 279.15**	**18 140.39**	**10 730.78**	**15 256.32**	**426.20**	**7 725.46**
北　京	585.40	204.07	329.58	51.75		
天　津	731.32	485.96		151.36	26.00	68.00
河　北	1 687.71	1 168.29	319.73	164.49	32.70	2.50
山　西	648.63	301.03	181.98	164.82		0.80
辽　宁	1 051.00	92.00	468.00	426.00	11.00	54.00
吉　林	571.50	252.80	67.00	186.00		65.70
内蒙古	465.67	153.00	177.37	135.30		
黑龙江	1 523.93	306.23	261.60	956.10		
上　海	5 634.22	3 916.94	1 566.28			151.00
江　苏	4 010.46	393.40	622.59	1 144.29		1 850.18
浙　江	5 535.38	3 161.87	707.00	1 124.11	5.00	537.40
安　徽	1 073.98	168.58	312.20	348.88	30.40	213.92
福　建	2 916.67	371.00	1 009.39	1 274.64		261.64
江　西	913.20	380.00	130.00	231.60	2.00	169.60
山　东	2 222.45	167.30	233.35	1 354.80		467.00
河　南	1 186.40	200.00	249.50	700.30		36.60
湖　北	2 995.00	50.00	365.00	687.00	68.00	1 825.00
湖　南	742.14	81.00	110.90	267.54	1.10	281.60
广　东	2 274.00	362.00	572.00	724.00	18.00	598.00
广　西	981.26	26.78	324.67	339.99		289.82
海　南	769.00	680.00	50.00	35.50		3.50
重　庆	1 918.53	717.65		1 047.48		153.40
四　川	1 512.00	33.00	232.00	724.00	232.00	291.00
贵　州	570.86	118.26	130.90	314.10		7.60
云　南	1 029.60	85.78	255.50	654.32		34.00
西　藏						
陕　西	935.00	100.00	253.00	582.00		
甘　肃	543.26	98.00	275.04	167.22		3.00
青　海	2 282.79	2 241.79		41.00		
宁　夏	540.20	260.00	109.00	169.00		2.20
新　疆	520.93	425.53	16.00	79.40		
大　连	1 811.13	932.13		611.00		268.00
青　岛	294.96		222.00	72.96		
宁　波	436.37	81.00		290.37		65.00
深　圳	641.10		641.10			
厦　门	541.90		501.90	15.00		25.00
新疆兵团	181.20	125.00	36.20	20.00		

各地区水产技术推广机构示范基地情况(一)

地　区	数量(个)						养殖面积(公顷)		
	小　计	省级站	地级站	县级站	区域站	乡级站	小　计	省级站	地级站
全国总计	**4 139**	**60**	**241**	**2 253**	**80**	**1 505**	**168 364**	**10 341**	**7 372**
北　京	18	2	6	10			65	20	18
天　津	5			4		1	111		
河　北	40	2	2	28	5	3	1 390	7	27
山　西	27		4	23			415		24
辽　宁	78		32	43		3	3 786		569
吉　林	57		1	50		6	5 146		1
内蒙古	71	2	11	58			15 685	27	1 453
黑龙江	49	20	4	25			1 816	1 224	17
上　海	15	3	8			4	272	38	209
江　苏	177	1	8	27	8	133	9 542	25	247
浙　江	86	2	3	42	3	36	2 847	9	39
安　徽	215	1	5	86	16	107	12 333	103	100
福　建	135		3	125		7	2 436		2
江　西	240	1	16	96	5	122	12 518	8	2 525
山　东	196		6	104		86	19 599		618
河　南	169	1	17	151			2 748	20	253
湖　北	299		10	76		213	3 496		96
湖　南	457	4	10	199	5	239	26 107	8 316	181
广　东	289	2	19	82		186	2 769	41	528
广　西	97	1	36	48		12	2 497	13	54
海　南	13	3	5	5			8 219	20	40
重　庆	134	1		71		62	3 129	8	
四　川	815	4	8	514	33	256	19 776	110	92
贵　州	54		3	51			1 562		50
云　南	49	1	7	41			185	6	29
西　藏									
陕　西	67	3	4	60			2 607	50	27
甘　肃	57	3	5	49			318	100	34
青　海	2	1		1			48	34	
宁　夏	6			6			252		
新　疆	21	1	2	13	5		3 352	147	27
大　连	11			10		1	438		
青　岛	34			6		28	2 753		
宁　波	148			148			14		
深　圳	2		2				67		67
厦　门	1		1						
新疆兵团	5	1	3	1			67	16	45

各地区水产技术推广机构示范基地情况(二)

地　区	养殖面积(公顷)(续)			育苗水体(米[3])					
	县级站	区域站	乡级站	小　计	省级站	地级站	县级站	区域站	乡级站
全国总计	**98 046**	**12 601**	**40 004**	**20 117 946**	**125 469**	**526 696**	**16 618 595**	**24 405**	**2 822 781**
北　京	27			15 420	3 600	11 820			
天　津	99		12	9 500			8 000		1 500
河　北	1 317	37	2	41 105	1 530		32 570	6 005	1 000
山　西	391			1 457		900	557		
辽　宁	2 571		646	112 480		48 280	45 000		19 200
吉　林	4 304		841	228 368		20	228 316		32
内蒙古	14 206			247 933	20 010	600	227 323		
黑龙江	575			17 900	600	2 300	15 000		
上　海			25	21 208	10 000	10 608			600
江　苏	901	78	8 292	548 933	8 004	11 000	244 635		285 294
浙　江	2 292	33	474	573 626	2 900	2 200	564 526		4 000
安　徽	6 169	1 804	4 157	134 566			109 506		25 060
福　建	2 388		46	199 523		9 540	189 983		
江　西	7 085	15	2 885	235 944	2 500	3 000	191 625	11 000	27 819
山　东	15 911		3 070	584 884		15 000	519 584		50 300
河　南	2 475			1 524 290	1 500	34 920	1 487 870		
湖　北	804		2 596	614 520		12 300	154 320		447 900
湖　南	9 911	380	7 319	491462		101 300	348 590		41 572
广　东	1 588		612	9 549 474	6 500	36 690	9 502 012		4 272
广　西	2 412		18	150490		7452	140 038		3 000
海　南	59	8 100		200 050	50	200 000			
重　庆	1 916		1 205	340 456			80456		260 000
四　川	12 313	654	6 607	2 077 065		466	1 170 597	7 400	898 602
贵　州	1 512			50545		5200	45345		
云　南	151			71888	6500	4000	61388		
西　藏									
陕　西	2 530			65 655	1 320	10	64 325		
甘　肃	184			57 810	56 230	400	1 180		
青　海	14			184	184				
宁　夏	252			2072			2072		
新　疆	1 678	1 500		765 010	1 210	1 000	762 800		
大　连	305		133	263 000			258 000		5 000
青　岛	1 688		1 065	908 880			161 250		747 630
宁　波	14			1 000			1 000		
深　圳				3 750		3 750			
厦　门				540		540			
新疆兵团	6			6 958	2 831	3 400	727		

各地区水产技术推广机构项目实施情况
（淡水部分）（一）

单位：公顷，吨

地　区	推广规模及产量			
	池　塘		稻田养鱼	
	面积	产量	面积	产量
全国总计	**1 195 777**	**8 962 477**	**496 483**	**569 873**
北　京	1 701	24 354	4	1
天　津	20 106	167 308	2 000	1 775
河　北	268	4 439		
山　西	874	12 616	0	10
辽　宁	20 119	352 997	26 455	10 462
吉　林	10 024	39 385	15 071	3 921
内蒙古	11 808	28 172	4 110	601
黑龙江	24 678	166 901	20 157	4 900
上　海	9 564	49 104	1 145	3 343
江　苏	188 128	1 186 466	59 316	79 166
浙　江	30 671	148 187	35 316	103 703
安　徽	102 674	620 852	35 963	47 772
福　建	18 677	306 546	2 569	2 647
江　西	44 365	319 450	25 355	20 560
山　东	78 201	499 372	2 098	1 393
河　南	76 056	461 999	3 265	4 386
湖　北	146 780	1 593 888	74 079	134 121
湖　南	137 732	695 039	52 249	43 071
广　东	85 893	918 860	1 539	739
广　西	32 593	265 767	7 970	5 867
海　南	3 706	35 326	14	43
重　庆	21 395	305 180	19 216	10 301
四　川	34 121	274 758	63 065	65 159
贵　州	1 351	7 824	17 797	6 918
云　南	12 734	141 880	18 846	14 161
西　藏				
陕　西	8 622	71 375	3 440	1 935
甘　肃	1 867	11 321		
青　海	318	270		
宁　夏	15 326	99 343	4 763	718
新　疆	37 955	87 475		
大　连				
青　岛	4 869	20 732		
宁　波	12 076	40 408	680	2 201
深　圳	1	5		
厦　门				
新疆兵团	525	4 880		

各地区水产技术推广机构项目实施情况
（淡水部分）（二）

地区	推广规模及产量（续）				受益农户（户）	指导面积（公顷）
	网箱		大水面			
	规模（米³）	产量（吨）	面积（公顷）	产量（吨）		
全国总计	**42 224 946**	**763 582**	**1 424 261**	**1 717 119**	**1 764 641**	**2 636 189**
北京	2 400	80	14 061	4 033	6 394	13 081
天津			8 833	23 912	5 238	16 064
河北			7 465	4 217	8 889	46 855
山西	61 158	944	3 072	3 154	504	3 476
辽宁	2 475 300	64 131	52 619	37 638	23 314	77 098
吉林	13 151	1 673	249 942	33 129	10 648	297 925
内蒙古	16 764	270	20 606	6 505	2 748	28 660
黑龙江	799	28	160 409	12 031	30 155	205 533
上海			267	165	6 395	8 334
江苏	5 268 445	37 977	42 202	152 573	189 330	195 452
浙江	1 751 814	7 032	34 784	58 880	41 413	93 088
安徽	7 148 540	37 801	155 318	225 618	75 558	300 626
福建	301 397	6 576	14 245	93 714	25 846	39 449
江西	1 062 500	20 715	110 310	114 515	66 455	24 800
山东	1 483 345	45 969	72 819	139 577	53 940	119 045
河南	927 412	26 840	60 696	113 002	136 565	159 228
湖北	4 594 070	240 824	94 096	65 618	349 526	287 354
湖南	2 926 002	84 553	90 999	167 462	156 736	155 917
广东	125 676	4 512	19 907	42 596	75 821	103 239
广西	6 837 881	111 748	25 809	138 036	143 674	48 305
海南	32 780	1 740	1 063	7 866	6 569	6 317
重庆			10 885	14 032	60 597	54 192
四川	32 487	1 624	37 812	68 556	171 222	122 335
贵州	850 895	15 594	3 520	5 411	51 472	49 927
云南	523 497	21 756	33 244	54 472	36 013	52 643
西藏						
陕西	2 007 148	20 893	26 458	38 911	11 661	13 647
甘肃	974 850	2 611	12 302	934	2 457	2 465
青海	2 795 195	7 601	4 254	2 708	716	34 940
宁夏			24 545	62 279	2 974	37 826
新疆			17 917	8 471	849	21 299
大连						
青岛	1 440	65	3 951	6 841	1 094	5 639
宁波	10 000	25	5 390	8 139	9 641	9 016
深圳					10	1
厦门						
新疆兵团			4 461	2 125	217	2 416

各地区水产技术推广机构项目实施情况
(海水部分)(一)

地　　区	推广规模及产量					
	海　上				滩　涂	
	网　箱		其　他		面积(公顷)	产量(吨)
	规模(米^3)	产量(吨)	面积(公顷)	产量(吨)		
全国总计	**11 323 316**	**174 653**	**214 289**	**2 044 570**	**204 490**	**1 633 072**
天　津						
河　北						
辽　宁	18 000	17	300	4 400	5 433	33 100
上　海						
江　苏	7 500	26 230	9 166	27 347	33 215	104 868
浙　江	660 857	8 395	18 407	126 582	19 379	189 892
福　建	6 617 613	86 241	16 806	609 278	19 210	368 776
山　东	587 800	3 041	128 881	869 965	80 340	402 249
广　东	1 920 682	22 682	11 708	80 228	16 292	105 476
广　西	477 700	5 175	3 771	37 178	2 881	87 623
海　南	343 039	15 706	1 383	7 114	2 808	31 216
大　连	120 000	79	18 415	114 980	1 800	16 550
青　岛	164 800	742	3 546	112 475	9 800	208 177
宁　波	405 325	6 345	1 806	54 928	13 332	85 145
深　圳						
厦　门						

各地区水产技术推广机构项目实施情况
(海水部分)(二)

地区	推广规模及产量(续)				受益农户(户)	指导面积(公顷)
	陆基					
	工厂化		池塘			
	规模(米^3)	产量(吨)	面积(公顷)	产量(吨)		
全国总计	**16 589 807**	**131 156**	**167 277**	**1 469 370**	**173 135**	**478 045**
天津	26 000	120	96	119	18	98
河北			3 642	6 144	4 221	55 682
辽宁	1 782 100	24 328	8 181	730 371	2 740	19 634
上海						
江苏	259 290	1 927	8 756	73 408	10 513	35 292
浙江	1 977 006	4 096	37 901	122 382	68 326	12 813
福建	828 737	8 566	17 329	161 884	38 909	68 956
山东	6 534 889	85 458	51 009	116 703	19 950	152 061
广东	4 216 320	2 737	15 996	107 335	10 446	33 686
广西	8 100	33	6 054	44 721	3 903	36 063
海南	143 675	1 745	1 738	14 068	1 482	3 339
大连	50 000	87	2 210	2 480	1 478	31 570
青岛	336 000	1 019	3 041	6 605	1 671	18 680
宁波	423 940	1 040	11 256	82 651	9 478	10 171
深圳	3 750		67	500		
厦门						

各地区水产技术推广机构培训、宣传情况

地　　区	渔民技术培训		推广人员培训		渔业公共信息服务				
	期数（期）	人数（人次）	业务培训（人次）	学历教育（人次）	网站（个）	手机信息用户（户）	电话热线（条）	期刊（期）	资料（份）
全国总计	**32 153**	**2 086 460**	**82 756**	**6 437**	**973**	**668 196**	**123 337**	**46 986**	**8 654 284**
北　　京	128	7 323	975	24	1	1 508	2 024	1 018	16 492
天　　津	138	8 385	275	372	5	4 648	1 284		24 005
河　　北	332	21 186	1 903	105	9	1 153	91	73	46 188
山　　西	62	2 309	374	2	20	198	541	14	43 587
辽　　宁	216	14 356	1 943	76	12	8 586	108	590	97 789
吉　　林	346	13 350	2 117	161	10	1 427	498	10	68 655
内 蒙 古	111	5 530	352	15	11	826	147	38	15 724
黑 龙 江	94	5 580	517	28			4 240	2	17 700
上　　海	234	29 855	462	9	3	445	11	30	42 191
江　　苏	4 477	266 027	11 727	313	96	55 100	8 254	29 273	903 930
浙　　江	786	43 315	5 047	264	108	55 820	3 694	135	129 289
安　　徽	837	81 342	2 594	403	26	44 906	137	344	396 826
福　　建	521	27 466	3 742	444	18	110 059	925	172	173 807
江　　西	839	34 955	541	65	62	27 700	566	340	58 800
山　　东	1 942	158 296	10 639	456	161	32 285	35 293	1 177	510 953
河　　南	925	75 665	2 829	270	56	28 204	24 397	917	408 100
湖　　北	12 527	658 612	2 030	525	25	41 313	872	10 188	2 619 200
湖　　南	1 734	207 194	6 302	155	50	43 951	677	562	876 084
广　　东	1 044	82 350	3 843	496	54	47 418	2 005	575	351 797
广　　西	697	48 823	4 987	1 446	27	52 184	6 144	604	242 860
海　　南	125	12 741	218	38	10	3 943	462	20	21 384
重　　庆	323	26 779	1 280	137	10	43 470	2 511	121	333 161
四　　川	1 426	114 033	9 624	284	65	22 651	19 831	291	618 678
贵　　州	543	39 118	1 951	45	56	5 490	3 070	13	106 810
云　　南	824	53 247	1 394	65	39	2 143	352	78	128 382
西　　藏									
陕　　西	172	12 833	1 200	108	12	2 134	181	63	265 756
甘　　肃	212	8 173	1 462	39	5	415	1 059	87	56 580
青　　海	30	1 102	107	22	1	669	519	25	8 950
宁　　夏	220	10 374	626	29	9	3 341	1 276	95	21 972
新　　疆	32	1 793	203	12	2	498	1 734	2	24 630
大　　连	63	2 906	578	13	1	1 155	26	32	7 750
青　　岛	46	3 684	92	2	1	1 157	10		6 206
宁　　波	86	4 515	559	12	4	7 957	388	91	2 300
深　　圳	5	552	132		3	268	1	6	1 830
厦　　门	52	2 579	101	1	1	15 030	1		5 550
新疆兵团	4	112	30	1		144	8		368

第七部分

灾　　害

各地区渔业灾情造成的经济损失(一)

单位:万元

地区	1. 水产品损失					
	小 计	台风、洪涝	病 害	干 旱	污 染	其 他
全国总计	**1 684 643.58**	**811 034.60**	**300 159.23**	**415 452.79**	**90 468.86**	**67 528.10**
北 京	716.30		716.30			
天 津	2 104.00		1 958.00		41.00	105.00
河 北	7 159.77		4 420.23	362.34	1 573.20	804.00
山 西	120.00			30.00	44.00	46.00
内蒙古	2 338.00	156.00	23.00	2 094.00		65.00
辽 宁	100 876.00	55 800.00	18 690.00	17 486.00	7 400.00	1 500.00
吉 林	4 286.00	2 011.00	20.00	2 225.00		30.00
黑龙江	5 819.00	5 819.00				
上 海	3 140.30	618.40	2 451.20		70.70	
江 苏	175 114.00	118 993.00	41 064.00	4 374.00	9 508.00	1 175.00
浙 江	118 706.00	57 442.00	55 643.00	1 403.00	1 779.00	2 439.00
安 徽	109 744.72	63 194.58	11 674.46	12 227.30	20 844.88	1 803.50
福 建	124 826.00	89 962.00	12 295.00	15.00	10 034.00	12 520.00
江 西	132 941.61	56 801.14	51 878.11	12 045.48	5 369.50	6 847.38
山 东	121 088.00	15 475.00	12 921.00	70 022.00	17 219.00	5 451.00
河 南	36 718.00	14 504.00	3 926.00	16 722.00	1 328.00	238.00
湖 北	14 309.00	504.00	8 341.00	4 214.00	1 250.00	
湖 南	334 859.00	63 272.00	7 576.00	257 615.00	457.00	5 939.00
广 东	267 398.88	199 763.55	47 544.48	923.50	3 509.45	15 657.90
广 西	32 492.83	21 885.30	5 768.60	209.60	323.60	4 305.73
海 南	5 488.60	4 623.00	865.60			
重 庆	9 421.50	7 434.60	1 300.40	168.00	169.00	349.50
四 川	20 201.40	7 500.38	4 660.40	493.49	7 015.73	531.40
贵 州	20 961.20	18 683.20	522.00	1 426.00	262.00	68.00
云 南	23 377.20	5 453.55	3 647.95	7 757.08	214.40	6 304.22
西 藏						
陕 西	1 766.87	1 137.00	91.10	265.20	29.90	243.67
甘 肃	259.50	1.90	242.80	1.80	1.50	11.50
青 海						
宁 夏	214.70		180.50			34.20
新 疆	8 195.20		1 738.10	3 373.00	2 025.00	1 059.10

各地区渔业灾情造成的经济损失(二)

单位:万元

地　区	2.(台风、洪涝)损毁渔业设施							
	小　计	池　塘	网箱(鱼排)	围　栏	沉　船	船　损	堤　坝	泵　站
全国总计	**316 969.38**	**106 279.98**	**95 028.67**	**8 443.74**	**4 089.50**	**6 720.57**	**25 671.38**	**888.10**
北　京								
天　津								
河　北	6.00				6.00			
山　西	80.00		80.00					
内蒙古	10.00						10.00	
辽　宁	65 903.00		60 000.00		208.00	430.00		
吉　林	335.00	35.00		300.00				
黑龙江	1 597.50	1 597.50						
上　海	6.00					3.00		
江　苏	13 107.00	7 474.00	149.00	813.00	6.00	2.00	396.00	94.00
浙　江	29 651.00	15 822.00	1 600.00	60.00	271.00	165.00	597.00	93.00
安　徽	9 344.74	2 691.56	1 503.83	2 050.14	20.00	160.86	781.97	6.00
福　建	35 622.00	11 884.00	10 845.00	22.00	1 403.00	1 794.00	2 526.00	
江　西	21 572.30	13 025.60	768.87	261.00	25.50	501.90	2 849.00	60.50
山　东	4 031.00	2 506.00	99.00	18.00	142.00	121.00	225.00	
河　南	761.00	332.00					400.00	
湖　北	10 372.00	7 317.00	300.00	721.00	5.00	104.00	841.00	136.00
湖　南	22 715.00	13 145.00	1 970.00	848.00	28.00	162.00	1 929.00	345.00
广　东	85 917.73	22 200.68	14 065.00	3 262.60	1 883.00	3 209.50	13 639.90	153.60
广　西	4 547.67	2 171.24	1 673.92	8.00		4.00	333.51	
海　南	71.00		38.00		18.00	15.00		
重　庆	3 983.00	2 853.60		32.00			68.20	
四　川	1 913.53	1 475.20	123.65		2.00	13.00	32.00	
贵　州	2 374.11	241.00	523.00		42.00	5.31	972.00	
云　南	2 573.60	1 409.20	1 104.40				12.00	
西　藏								
陕　西	444.00	99.00	170.00	48.00	30.00	30.00	47.00	
甘　肃	2.20	0.40					1.80	
青　海								
宁　夏								
新　疆	29.00		15.00				10.00	

各地区渔业灾情造成的经济损失(三)

单位:万元

地 区	2.(台风、洪涝)损毁渔业设施(续)							直接经济损失合计
	涵 闸	码 头	护 岸	防波堤	工厂化养殖	苗种繁育场	其 他	
全国总计	**1 699.50**	**4 953.00**	**9 632.98**	**8 553.80**	**8 092.93**	**14 319.75**	**22 595.48**	**2 001 612.96**
北 京								716.30
天 津								2 104.00
河 北								7 165.77
山 西								200.00
内 蒙 古								2 348.00
辽 宁		200.00	40.00	25.00		5 000.00		166 779.00
吉 林								4 621.00
黑 龙 江								7 416.50
上 海							3.00	3 146.30
江 苏	147.00		182.00	158.00		351.00	3 335.00	188 221.00
浙 江	21.00	867.00	390.00	690.00	456.00	522.00	8 097.00	148 357.00
安 徽	306.00		326.00	300.00	40.00	50.00	1 108.38	119 089.46
福 建	30.00	1 328.00	487.00	530.00	802.00	662.00	3 309.00	160 448.00
江 西	313.00	20.00	377.00	67.00	248.93	485.00	2 569.00	154 513.91
山 东	5.00	206.00	5.00	9.00	373.00	82.00	240.00	125 119.00
河 南							29.00	37 479.00
湖 北	56.00	31.00	254.00	198.00		68.00	341.00	24 681.00
湖 南	21.00	64.00	81.00	6.00	2 000.00	927.00	1 189.00	357 574.00
广 东	775.50	2 236.00	7 486.00	6 253.00	3 900.00	5 720.75	1 132.20	353 316.61
广 西						302.00	55.00	37 040.50
海 南								5 559.60
重 庆						20.00	1 009.20	13 404.50
四 川			1.98			107.00	158.70	22 114.93
贵 州				317.80	273.00			23 335.31
云 南	25.00					23.00		25 950.80
西 藏								
陕 西							20.00	2 210.87
甘 肃								261.70
青 海								
宁 夏								214.70
新 疆		1.00	3.00					8 224.20

各地区渔业灾情造成的数量损失(一)

地　　区	1. 受灾养殖面积(公顷)						2. 水产品损失(吨)		
	小　计	台风、洪涝	病　害	干　旱	污　染	其　他	小　计	台风、洪涝	病　害
全国总计	**690 813**	**323 211**	**152 110**	**152 382**	**29 827**	**33 283**	**999 066**	**508 598**	**231 268**
北　　京	807		807				190		190
天　　津	1 247		1 110	57		80	2 104		1 958
河　　北	1 470		1 159	70	169	72	2 815		1 401
山　　西	19			10	6	3	63		
内 蒙 古	6 050	175	45	5 670		160	1 699	67	26
辽　　宁	17 246	6 100	2 750	5 363	2 033	1 000	44 391	502	16 990
吉　　林	52 015	17 592	20	34 399		4	3 431	2 510	31
黑 龙 江	1 065	1 065					5 787	5 787	
上　　海	1 117	304	784		29		1 536	362	1 138
江　　苏	76 587	41 481	25 001	3 631	5 007	1 467	93 590	57 848	23 219
浙　　江	41 090	26 276	12 548	1 224	637	405	49 535	17 436	30 147
安　　徽	111 462	72 593	11 699	12 498	11 404	3 268	94 989	53 754	10 095
福　　建	13 335	7 425	2 104	5	2 507	1 294	92 097	66 133	8 306
江　　西	84 861	29 697	43 125	8 054	1 385	2 600	131 473	56 768	50 254
山　　东	53 017	2 842	2 955	41 814	2 559	2 847	96 081	13 647	17 951
河　　南	21 847	10 320	3 007	7 504	699	317	37 994	16 675	4 603
湖　　北	8 949	952	3 125	4 368	504		11 209	92	6 524
湖　　南	73 055	35 538	18 279	17 996	157	1 085	58 356	35 868	7 563
广　　东	73 013	44 534	11 716	284	1 105	15 374	191 864	140 959	33 964
广　　西	17 871	9 389	5 405	459	300	2 318	32 244	20 058	6 956
海　　南	588	406	182				2 299	1 661	638
重　　庆	2 308	1 043	1 118	97	18	32	4 882	3 392	929
四　　川	7 081	4 654	1 939	327	73	88	10 228	5 411	3 344
贵　　州	9 117	8 372	189	74	463	19	4 943	4 695	72
云　　南	8 433	1 834	1 419	4 630	34	516	17 968	4 249	2 772
西　　藏									
陕　　西	1 175	618	356	140	11	50	1 504	723	283
甘　　肃	18	1	12	4		1	105	1	99
青　　海									
宁　　夏	471		406			65	226		196
新　　疆	5 499		850	3 704	727	218	5 463		1 619

各地区渔业灾情造成的数量损失(二)

地 区	2. 水产品损失(吨)(续)			3.(台风、洪涝)损毁渔业设施					
	干 旱	污 染	其 他	池塘(公顷)	网箱(鱼排)(箱)	围栏(千米)	沉船(艘)	船损(艘)	堤坝(米)
全国总计	**135 333**	**67 395**	**56 472**	**61 277**	**132 211**	**27 893**	**3 122**	**2 555**	**771 144**
北 京									
天 津		41	105						
河 北	394	577	443	4			1		
山 西	10	32	21	1	5				
内 蒙 古	1 556		50						35
辽 宁	8 399	2 500	16 000		50		1	14	
吉 林	875		15	30		5			
黑 龙 江				1 065					
上 海		36						1	
江 苏	3 421	8 517	585	2 901	151	3 392	2 511	40	21 698
浙 江	720	828	404	2 530	2 001	586	42	116	18 665
安 徽	12 491	17 329	1 320	4 372	13 326	8 298	6	42	30 661
福 建	15	16 007	1 636	2 948	24 198	86	171	486	6 289
江 西	12 032	5 798	6 621	4 506	2 097	2 969	6	391	49 327
山 东	53 600	8 425	2 458	976	343	3	25	66	1 850
河 南	14 880	1 557	279	416					6 000
湖 北	3 681	912		9 742	13 874	1 350	53	99	2 410
湖 南	12 414	249	2 262	14 389	49 396	8 136	18	260	240 653
广 东	312	2 151	14 478	11 912	9 812	2 999	268	997	373 592
广 西	232	306	4 692	1 270	2 375	6		2	2 183
海 南					352		3	7	
重 庆	157	152	252	2 139		28			2 409
四 川	444	624	405	1 410	263		2	18	2 252
贵 州	26	13	137	485	2 099	20	12	11	11 500
云 南	7 126	187	3 634	135	11 526				150
西 藏									
陕 西	259	17	222	41	333	15	3	5	1 150
甘 肃	2	2	1	5					300
青 海									
宁 夏			30						
新 疆	2 287	1 135	422		10				20

各地区渔业灾情造成的数量损失(三)

地　区	3.(台风、洪涝)损毁渔业设施(续)							4. 人员损失			
	泵站(座)	涵闸(座)	码头(米)	护岸(米)	防波堤(米)	工厂化养殖(座)	苗种繁育场(个)	小　计	失踪(人)	死亡(人)	重伤(人)
全国总计	**2 303**	**419**	**6 355**	**99 807**	**23 469**	**117**	**277**	**33**	**17**	**14**	**2**
北　京											
天　津											
河　北											
山　西											
内蒙古											
辽　宁			2 200	3 000	2 000		1	2	2		
吉　林											
黑龙江											
上　海								1			1
江　苏	26	39	56	7 518	2 615		2	1		1	
浙　江	9	2	730	8 452	1 265	24	35	8		7	1
安　徽	2	18		6 030	600	9	5				
福　建		1	1 266	2 605	1 217	18	41	3		3	
江　西	29	74	50	35 719	2 264	4	3				
山　东		25	4	322	1	10	6	14	13	1	
河　南											
湖　北	21	69	291	10 344	1 257		1				
湖　南	2 141	10	663	2 880	620	2	44				
广　东	73	180	595	22 247	8 380	49	128				
广　西							2				
海　南											
重　庆							1	2		2	
四　川				90			4				
贵　州					3 250	1					
云　南		1					4	2	2		
西　藏											
陕　西	2										
甘　肃											
青　海											
宁　夏											
新　疆			500	600							

附　　录

附录 1

水产品产量数据调整说明

一、根据第二次农业普查结果调整水产品产量数据情况。2006 年第二次全国农业普查结束后，按照国家统计局要求，农业部对 2006 年渔业统计数据进行了调整。调整以农业普查结果为依据，以各省（自治区、直辖市）2006 年的养殖单产水平、养殖结构为参考，综合测算各省（自治区、直辖市）水产品产量调减比例，核定 2006 年水产品产量为4 583.6万吨。并以此为基数，参考渔业统计年报中各年度间的产量增减比例，对 1997—2006 年水产品产量数据进行了相应调整。

二、海洋捕捞产量与远洋渔业产量调整情况。在上述调整基础上，根据 2008 年开始执行的渔业统计指标体系（国统制〔2008〕27 号）中关于远洋渔业产量单列的要求，把 1986—2007 年海洋捕捞产量数据拆分为海洋捕捞产量和远洋渔业产量。

三、调整后的历史数据使用原则：

（一）2006 年之前年度数据比较，使用调整前数据；

（二）2006 年（含）之后年度与 1997—2006 年数据比较，使用调整后数据。

附录 2

调整后历年产量对照表

单位:万吨

年份	调整前	调整后	其中				
			海洋捕捞	远洋渔业	海水养殖	淡水捕捞	淡水养殖
1986	935.76	935.76	430.22	1.99	150.08	58.32	295.15
1987	1 091.93	1 091.93	479.91	6.39	192.61	64.61	348.41
1988	1 225.32	1 225.32	504.66	9.64	249.29	71.98	389.75
1989	1 332.58	1 332.58	548.33	10.71	275.73	80.78	417.03
1990	1 427.26	1 427.26	594.40	17.09	284.22	85.64	445.91
1991	1 572.99	1 572.99	644.35	32.35	333.31	100.39	462.59
1992	1 824.46	1 824.46	720.84	46.43	424.31	99.09	533.79
1993	2 152.31	2 152.31	795.53	56.22	540.23	112.07	648.26
1994	2 515.69	2 515.69	925.61	68.83	604.80	126.79	789.66
1995	2 953.04	2 953.04	1 054.07	85.68	721.51	151.02	940.76
1996	3 280.72	3 280.72	1 152.99	92.65	765.89	175.43	1 093.76
1997	3 601.78	3 118.59	1 092.73	103.70	691.66	163.45	1 067.04
1998	3 906.65	3 382.66	1 201.25	91.31	751.99	197.51	1 140.60
1999	4 122.43	3 570.15	1 203.46	89.91	851.89	197.95	1 226.94
2000	4 278.99	3 706.23	1 189.43	86.52	927.96	193.44	1 308.88
2001	4 382.09	3 795.92	1 155.64	88.49	989.38	186.23	1 376.20
2002	4 565.18	3 954.86	1 128.34	109.64	1 060.47	194.71	1 461.69
2003	4 706.11	4 077.02	1 121.20	115.77	1 095.86	213.28	1 530.92
2004	4 901.77	4 246.57	1 108.08	145.11	1 151.29	209.60	1 632.49
2005	5 101.65	4 419.86	1 111.28	143.81	1 210.81	220.97	1 733.00
2006	5 290.40	4 583.60	1 136.40	109.07	1 264.16	220.38	1 853.59
2007		4 747.52	1 136.03	107.52	1 307.34	225.64	1 970.99
2008		4 895.59	1 149.63	108.33	1 340.32	224.82	2 072.49
2009		5 116.40	1 178.16	97.72	1 405.22	218.39	2 216.46
2010		5 373.00	1 203.59	111.64	1 482.30	228.94	2 346.53
2011		5 603.21	1 241.94	114.78	1 551.33	223.23	2 471.93
2012		5 907.68	1 267.19	122.34	1 643.81	229.79	2 644.55
2013		6 172.00	1 264.38	135.20	1 739.25	230.74	2 802.43
2014		6 461.52	1 280.84	202.73	1 812.65	229.54	2 935.76
2015		6 699.64	1 314.78	219.21	1 875.62	227.76	3 062.27

附录 3

渔业统计指标解释

第一章　水产品产量

第 1 条　水产品特征及产量统计范围

水产品指渔业(捕捞和养殖)生产活动的最终有效成果,它具有以下特征:

一、它是渔业生产活动的成果。水产品既是渔业生产的劳动对象,也是渔业生产的劳动成果,它包括全部海淡水鱼类、甲壳类(虾、蟹)、贝类、头足类、藻类和其他类渔业产品。

二、它是渔业生产活动的最终成果。渔业生产过程中的中间成果,如鱼苗、鱼种、亲鱼、转塘鱼、存塘鱼和自用作饵料的产品,不是最终成果,不能统计在水产品产量中。

三、它是渔业生产活动的最终有效成果。水产品在上岸前已经腐烂变质,不能供人食用或加工成其他制品的,不统计在水产品产量中。

第 2 条　产量统计年度和统计者

一、年水产品产量按日历年度计算。即从每年 1 月 1 日至 12 月 31 日止已从养殖水域捕捞起水或者已从天然水域捕捞并已返航卸港的水产品均统计在年产量中,有的生产渔船在外地收港卸鱼或者在海上由收购船扒载收购的,也按到港计算产量。

二、水产品产量统计中,养殖产量按照水域所在地统计,国内捕捞产量按照渔船所属地统计,远洋渔业产量按照远洋渔业管理办法进行统计。

第 3 条　产量计量标准

除海蜇按三矾后的成品计量、各种藻类按干品计量外,其余各种水产品均按捕捞起水时鲜品实重(原始重量)计量。此外,供观赏的水生动物按个体计算。

第 4 条　养殖产量与捕捞产量划分原则

凡人工养殖并已起水的水产品数量为养殖产量,凡捕捞天然生长的水产品数量为捕捞产量。

一、凡是人工投放苗种(不包括灌江纳苗)并进行人工饲养管理的淡水养殖水域中捕捞的水产品产量计算为淡水养殖产量,否则为淡水捕捞产量。

二、凡是人工投放苗种或天然纳苗并进行人工饲养管理的海水养殖水域中捕捞的水产品产量计算为海水养殖产量,否则为海洋捕捞产量。

三、稻田养殖起水的水产品,也计算为淡水养殖产量。

第 5 条　水产品分类

水产品分为海水产品和淡水产品两大类。

一、海水产品:包括海洋捕捞产品、海水养殖产品和远洋渔业产品。其中,海洋捕捞产品产量指国内海洋捕捞产品产量不包括远洋渔业产量。

(一)海洋捕捞产品:包括海洋捕捞鱼类、甲壳类(虾、蟹)、贝类、藻类、头足类和其他类。

1. 海洋捕捞鱼类:海鳗、鳓鱼、鳀鱼、沙丁鱼、鲱鱼、石斑鱼、鲷、蓝圆鲹、白姑鱼、黄姑鱼、鮸鱼、大黄鱼、小黄鱼、梅童鱼、方头鱼、玉筋鱼、带鱼、金线鱼、梭鱼、鲐鱼、鲅鱼、金枪鱼、鲳鱼、马面鲀、竹荚鱼和鲻鱼等。

2. 海洋捕捞甲壳类:虾和蟹。虾包括毛虾、对虾、鹰爪虾、虾蛄等。蟹包括梭子蟹、青蟹和蟳等。

3. 海洋捕捞贝类:蛤、蛏、蚶和螺等。

4. 海洋捕捞藻类:江蓠、石花菜和紫菜等。

5. 海洋捕捞头足类:乌贼、鱿鱼和章鱼等。

6. 海洋捕捞其他类:海蜇等。

(二)海水养殖产品:包括海水养殖鱼类、甲壳类(虾、蟹)、贝类、藻类、其他类。

1. 海水养殖鱼类:鲈鱼、鲆鱼、大黄鱼、军曹鱼、鰤鱼、鲷鱼、美国红鱼、河鲀、石斑鱼和鲽鱼等。

2. 海水养殖甲壳类:虾和蟹。虾包括南美白对虾、斑节对虾、中国对虾和日本对虾等。蟹包括梭子蟹和青蟹等。

3. 海水养殖贝类:牡蛎、鲍、螺、蚶、贻贝、江珧、扇贝、蛤和蛏等。

4. 海水养殖藻类:海带、裙带菜、紫菜、江蓠、麒麟菜、石花菜、羊栖菜和苔菜等。

5. 海水养殖其他类:海参、海胆、海水珍珠和海蜇等。

(三)远洋渔业产品:见第 27 条。

二、淡水产品:包括淡水养殖产品和淡水捕捞产品

(一)淡水养殖产品:淡水养殖鱼类、甲壳类(虾、蟹)、贝类、藻类和其他类产品。

1. 淡水养殖鱼类:鲟鱼、鳗鲡、青鱼、草鱼、鲢鱼、鳙鱼、鲤鱼、鲫鱼、鳊鲂、泥鳅、鲶鱼、鮰鱼、黄颡鱼、鲑鱼、鳟鱼、河鲀、短盖巨脂鲤、长吻鮠、黄鳝、鳜鱼、鲈鱼、乌鳢和罗非鱼等。

2. 淡水养殖甲壳类:虾和河蟹,其中虾包括罗氏沼虾、青虾、克氏原螯虾和南美白对虾等。

3. 淡水养殖贝类:河蚌、螺、蚬等。

4. 淡水养殖藻类:即螺旋藻。

5. 淡水养殖其他类产品:龟、鳖、蛙和珍珠等。

6. 观赏鱼统计按"条"计量,其重量不计入淡水养殖总产量。

(二)淡水捕捞产品:淡水捕捞鱼类、甲壳类(虾、蟹)、贝类、藻类和其他类。其他类中包括丰年虫等。

第 6 条 海洋捕捞产量(按海区、渔具分类)

一、按捕捞海域分为渤海、黄海、东海和南海区产量。

渤海、黄海、东海、南海区划分界线:

1. 渤海:东以辽宁老铁山西角经庙岛群岛至蓬莱角连线与黄海为界。

2. 黄海:南以长江口北角至韩国济州岛西南端连线与东海为界,东至朝鲜半岛与朝鲜海峡。

3. 东海:南以闽粤省界经东山岛南端至台湾省南端的猫鼻头连线与南海为界,东止对马海峡日本琉球群岛与我国台湾省。

4. 南海：东以巴士海峡、巴林塘海峡、菲律宾群岛与太平洋为界，南止加里曼丹，西临中南半岛及马来半岛。

二、按捕捞渔具分为拖网、围网、刺网、张网、钓具和其他渔具产量。

1. 拖网：单拖和双拖。

2. 围网：单船围网、双船围网和多船围网。

3. 刺网：定置刺网、漂流刺网、包围刺网和拖曳刺网。

4. 张网：单桩、双桩、多桩、单锚、双锚、船张、墙张和并列张网。

5. 钓具：漂流延绳钓、定置延绳钓、曳绳钓和垂钓（如鱿钓）。

6. 其他渔具：地拉网、敷网、抄网、掩罩、陷阱、耙刺、笼壶等类型。

第7条　海水养殖产量（按养殖水域分类）

一、海上养殖：在低潮位线以下从事海水养殖生产。

二、滩涂养殖：在潮间带间从事海水养殖生产。

三、其他养殖：在高潮位线以上从事海水养殖生产。

第8条　淡水养殖产量（按养殖水域分类）

按养殖水面类型不同，分为池塘、湖泊、水库、河沟、稻田及其他养殖方式。

第9条　部分养殖方式分类产量

一、普通网箱：网箱一般由合成纤维如尼龙、聚氯乙烯等网线编织而成，装置在网箱架上。普通网箱面积均为数平方米到数十平方米。一般安置在港湾、沿岸、湖泊、水库和河沟等水域。

二、深水网箱：深水网箱是一种大型海水网箱，主要有重力式聚乙烯网箱、浮绳式网箱和碟形网箱三种类型，具有抗风浪性能。网箱水体均为数百米^{3}到数千米^3。深水网箱一般安置在水深20米以下的海域。

三、工厂化：工厂化养殖即按工艺过程的连续性和流水性的原则，通过机械或自动化设备，对养殖水体进行水质和水温的控制，保持最适宜于鱼类生长和发育的生态条件，使鱼类的繁殖、苗种培育、商品鱼的养殖等各个环节能相互衔接，形成一个独自的生产体系，以进行无季节性的连续生产，达到高效率、高速度的养殖目的。

第二章　水产养殖面积

第10条　水产养殖面积

水产养殖面积指在报告期内实际用于养殖水产品的水面面积，包括海水养殖面积和淡水养殖面积。在报告期内无论是否全部收获或尚未收获其产品，均应统计在养殖面积中。但有些水面不投放苗种或投放少量苗种，只进行一般管理的，不统计为养殖面积。养殖面积法定计量单位为公顷。

第11条　海水养殖面积

海水养殖面积指利用天然海水养殖水产品的水面面积，包括海上养殖、滩涂养殖、其他养殖。工厂化、深水网箱不计入养殖面积。

第 12 条　淡水养殖面积

淡水养殖面积指在淡水水域养殖水产品的水面面积，包括池塘、湖泊、水库、河沟和其他五部分。工厂化、稻田养殖不计入养殖总面积。

第 13 条　养殖面积核算

一、海上、滩涂、池塘、湖泊、水库、河沟等方式养殖面积按照实际使用的水面计算，计量单位公顷。

二、普通网箱按照实际占用水面计算面积，计量单位为米^2。

三、工厂化养殖：按照实际养殖水体的体积计算，计量单位为米^3。

四、深水网箱：按照实际占用水的体积计算，计量单位为米^3。

五、在江河、湖泊、水库投放苗种或灌江纳苗、增殖放流的水域不统计面积；湖泊、水库、河沟虽有专人管理，或有苗种投放，但人工养殖水产品起捕量不足 30% 的水面也不统计为养殖面积。（其产量列入捕捞产量）。

第三章　渔业经济总产值和增加值

第 14 条　渔业经济总产值和增加值

渔业经济总产值和增加值指以货币表现的核算期内渔业经济活动的总产出和总成果，包括了全社会渔业、渔业工业和建筑业、渔业流通和服务业。

第 15 条　渔业产值和增加值

渔业产值指以货币表现的核算期内捕捞和养殖水产品及水产苗种的总产出和总成果。具体包括人工养殖的水生动物和海藻的产值、天然水生动物和天然海藻采集的产值，即包括海洋捕捞、海水养殖、淡水捕捞、淡水养殖产品以及水产苗种的产出。其计算方法：水产品及苗种的产量分别乘以其产品的现行价格。

渔业增加值指以货币表现的核算期内全社会从事渔业捕捞和养殖生产活动所创造的最终产品的价值，其计算方法：渔业总产出扣除渔业中间投入。

渔业产值和增加值的数据取自同级统计部门。

第 16 条　渔业工业、建筑业产值和增加值

渔业工业、建筑业产值和增加值指以货币表现的核算期内全社会从事水产品加工业、渔用机具制造业、渔用饲料工业、渔用药物制造业、渔业建筑业等的产出和成果。

水产品加工业产值等于加工产品量乘以现行价格，其增加值采用食品加工业增加值率进行推算。

渔用机具制造业产值、增加值等于渔船渔机修造业、渔用绳网制造业和其他设备制造业的产值、增加值之和；其产值计算方法主要采用“工厂法”计算，增加值的计算方法采用统计部门“规模以上工业企业总产值表”中的相应指标增加值率进行推算。

渔用饲料工业产值主要采用“工厂法”，增加值是渔用饲料工业现行总产出乘以“规模以上”饲料工业现价增加值率。

渔用药物制造业产值取同级相关部门统计年报表中的有关数据，其增加值等于渔用药物总产出乘以“规模以上”生物制药业现价增加值率。

渔业建筑业产值计算方法是从建筑产品所有方的建筑工程造价角度入手，依据投资完成额计算，其增加值采用建筑业增加值率来推算。

第 17 条　渔业流通和服务业产值和增加值

渔业流通和服务业包括渔业流通业，渔业（仓储）运输业，休闲渔业，渔业文化教育、科学技术和信息等产值和增加值。

渔业流通业产值以营业额来计算，其增加值等于渔业流通业产值乘以批发零售贸易业现价增加值率进行推算。

渔业（仓储）运输业产值即营业收入，其增加值计算方法与建筑业相同。

休闲渔业产值包括涉渔的一切旅游服务业产值，以营业额计算，其增加值用旅游业增加值率进行推算。

渔业文化教育、科学技术和信息等产值及其增加值根据财政部门《一般预算支出决算明细表》和有关资料进行推算。

第 18 条　计算总产值的价格

计算总产值的价格按当年价格计算。

当年价格就是当年出售产品时的实际价格。水产品当年价格以各地渔业生产单位初次出售的价格的平均价格为依据；工业产品以报告期内的产品出厂价格为当年价格。商业以零售价格为当年价格。

第四章　渔业船舶拥有量

第 19 条　渔业船舶

渔业船舶指从事渔业生产的船舶以及为渔业生产服务的船舶，按有无推进动力分为机动渔业船舶和非机动渔业船舶。按生产性质分为生产渔船和辅助渔船。

国内海洋捕捞渔业船舶转为远洋渔业船舶的当年，应纳入远洋渔业船舶统计范围内，在国内渔船统计范围中不再进行统计。

第 20 条　机动渔业船舶

机动渔业船舶指依靠本船主机动力来推进的渔业船舶，分为渔业生产船和渔业辅助船。

渔业生产船是直接从事渔业捕捞和养殖活动的船舶统称。从事捕捞业活动的渔船为捕捞船，从事养殖业活动的渔船为养殖船。捕捞船，按主机总功率分为：441 千瓦（含）以上、44.1（含）~441 千瓦、44.1 千瓦以下三类；按船长分为：24 米（含）以上、12（含）~24 米、12 米以下；按作业方式分为拖网、围网、刺网、张网、钓业、其他共 6 类，有关解释请参照第 6 条的相关内容。

渔业辅助船指从事各种加工、贮藏、运输、补给、渔业执法等渔业辅助活动的渔业船舶统称，包括水产运销船、冷藏加工船、油船、供应船、科研调查船、教学实习船、渔港工程船、拖轮、驳船和渔业行政执法船等。其中捕捞辅助船指水产运销船、冷藏加工船、油船、供应船等为渔业捕捞生产提供服务的渔业船舶。钓业、围网等作业渔船中的子船纳入捕捞辅助船统计范围。

机动渔船年末拥有量应按数量、吨位、功率分别统计，各计量单位规定如下：

(1)数量的单位为“艘”，“艘”应按船舶单元计算，子母式作业船应分别统计。

(2)吨位的单位为“总吨”，“总吨”应为丈量确定的船舶总容积，每 2.83 米^{3}为 1 总吨。

(3)功率的单位为“千瓦”，“千瓦”应按主机总功率计算。1 马力等于 0.735 千瓦。

第 21 条　非机动渔船

非机动渔船指无配置机器作为动力的渔船，依靠人力、风力、水力或其他船只带动的渔业船舶，包括风帆船、手摇船等。

第五章　渔业灾情

第 22 条　渔业灾情

渔业灾情指由于遭受台风(洪涝)、病害、干旱、污染和其他灾害而造成水产品产量减少、苗种损失、设施损坏、水域污染以及人员伤亡等。

水产品损失指由于灾害造成的水产品损失数量和金额。

受灾养殖面积指由于灾害造成水产品产量损失在 10%以上的养殖面积。

渔业设施损毁指由于台风(洪涝)造成池塘、网箱(鱼排)、围栏、渔船损坏或沉没、堤坝、泵站、涵闸、码头、护岸、防波堤、工厂化养殖厂及苗种繁育场等被毁，从而造成的渔业设施毁坏的数量和金额。

人员损失指由于灾害而造成人员失踪、死亡和重伤的人数。

第六章　渔业人口与渔业从业人员

第 23 条　渔业乡和渔业村

在农村中，从事渔业生产与经营的人员占全部从业人员 50%以上或渔业产值占农业产值的比重 50%以上的乡、村，即为渔业乡和渔业村；达不到上述标准的，但一直是以经营渔业为主，并经上级主管部门批准定为渔业乡、村的，亦可统计为渔业乡和渔业村。

第 24 条　渔业户(家庭)

渔业户指农(渔)村和城镇住户中主要从事渔业生产与经营的家庭。凡家庭主要劳动力或多数劳动力从事渔业生产与经营的时间占全年劳动时间 50%(6 个月)以上或渔业纯收入占家庭纯收入总额 50%以上者均可统计为渔业户。

第 25 条　渔业人口

渔业人口指依靠渔业生产和相关活动维持生活的全部人口，包括实际从事渔业生产和相关活动的人口及其赡(抚)养的人口，具体如下：

1. 直接从事渔业生产和相关活动的在业人口。

2. 兼营渔业和其他非渔业劳动者中，凡从事渔业生产和相关活动的时间全年累计达到或超过 3 个月者，或者虽全年累计不足 3 个月，但渔业纯收入占纯收入总额比重超过 50%者。

3. 由从事渔业生产和相关活动的人口赡(抚)养的人口。

4. 在既有渔业劳动者又有非渔业劳动者的家庭中,根据渔业与非渔业纯收入比例分摊的被渔业劳动者赡(抚)养的人口。

渔业人口中的传统渔民:指凡渔业乡、渔业村的渔业人口均可称为传统渔民。

第 26 条　渔业从业人员

渔业从业人员:全社会中 16 岁以上,有劳动能力,从事一定渔业劳动并取得劳动报酬或经营收入的人员。

渔业专业从业人员:全年从事渔业活动 6 个月以上或 50%以上的生活来源依赖渔业活动的渔业从业人员;

渔业兼业从业人员:全年从事渔业活动 3 ~6 个月或 20% ~50%的生活来源依赖渔业活动的渔业从业人员;

渔业临时从业人员:全年从事渔业活动 3 个月以下或 20%以下的生活来源依赖渔业活动的渔业从业人员。

第七章　远洋渔业

第 27 条　远洋渔业产量和远洋渔船

远洋渔业产量:由各远洋渔业企业和各生产单位按我国远洋渔业项目管理办法组织的远洋渔船(队)在非我国管辖水域(外国专属经济区水域或公海)捕捞的水产品产量。中外合资、合作渔船捕捞的水产品只统计按协议应属于中方所有的部分。

远洋渔船:按上述办法、协议,在上述水域进行常年或季节性生产的渔船。

第八章　水产苗种

第 28 条　苗种

鱼苗:卵黄囊基本消失,鱼鳔充气,能平游主动摄食的仔鱼,包括人工孵化和江河湖海港湾采捕的天然鱼苗。

鱼种:鱼苗经培育后,发育至全体鳞片,鳍条长全,外观具有成鱼基本特征的幼鱼,一般全长在 1.7 ~23.3 厘米,因出塘季节和培育期的不同,又俗称为夏花、冬片、春片、秋片、仔口和老口。

扣蟹:蟹苗经数次退皮变成外形接近蟹形的仔蟹,再经过 4 ~5 个月饲养培育成每千克 100 ~200 只性腺未成熟的幼蟹。

第 29 条　苗种数量统计原则

由苗种孵化或育成的单位归属统计,从他处购进或以其他方式取得苗种,不再进行统计。

第九章　水产加工业

第 30 条　水产加工企业

水产加工企业:从事水产品保鲜(保活)、保藏和加工利用的企业。

规模以上企业:年主营业务收入 500 万元以上的水产加工企业。

水产品加工能力:年加工处理水产品的总量。

第 31 条　水产冷库

水产冷库指主要用于水产品冻结、冷藏和制冰的场所,一般以低温冷藏库数作为冷库座数。

冷库的冻结能力、冷藏能力、制冰能力均指冷库建造设计的及后来改扩建新增的生产能力之和。

第 32 条　水产加工品

水产加工品指以水产品为原料,采用各种食品贮藏加工、水产综合利用技术和工艺所生产的产品,如冷冻冷藏品、腌制品、干制品、熏制品、罐头食品、各种生熟小包装食品,以及鱼油、鱼肝油、多烯脂肪酸制剂、饲料鱼粉、藻胶、碘、贝壳工艺品等。

一、水产冷冻品

水产冷冻品指为了保鲜,将水产品进行冷冻加工处理后得到的产品,包括冷冻品和冷冻加工品,但不包括商业冷藏品。

冷冻品泛指未改变其原始性状的粗加工产品,如冷冻全鱼、全虾等。

冷冻加工品指采用各种生产技术和工艺,改变其原始性状、改善其风味后制成的产品,如冻鱼片、冻虾仁、冷冻烤鳗、冻鱼籽等。

二、鱼糜制品和干腌制品

鱼糜制品指将鱼(虾、蟹、贝等)肉(或冷冻鱼糜)绞碎经配料、擂溃成为稠而富有粘性的鱼肉浆(生鱼糜),再做成一定形状后进行水煮(油炸或焙烤烘干)等加热或干燥处理而制成的食品,如鱼糜、鱼香肠、鱼丸、鱼糕、鱼饼、鱼面、模拟蟹肉等。

干腌制品指以水产品为原料,经脱水(烘干、烟熏、焙烤等)或添加腌制剂(盐、糖、酒、糟)制成具有保藏性和良好风味的产品,如烤鱼片、鱿鱼丝、鱼松、虾皮、虾米、海珍干品,以及海蛰、腌鱼、烟熏鱼、糟鱼、醉虾蟹、醉泥螺、卤甲鱼、水生动植物调味品(虾蟹酱、蚝油、鱼酱油)等。

藻类加工品指以海藻为原料,经加工处理制成具有保藏性和良好风味的方便食品,如海带结、干紫菜、调味裙带菜等。

三、水产罐制品

水产罐制品指以水产品为原料按照罐头工艺加工制成的产品,包括硬包装和软包装罐头,如鱼类罐头、虾贝类罐头等。

四、鱼粉

鱼粉指用低值水产品及水产品加工废弃物(如鱼骨、内脏、虾壳等)等为主要原料生产而成的加工品。

五、鱼油制品

鱼油制品指从鱼肉或鱼肝中提取油脂，并制成的产品，如粗鱼油、精鱼油、鱼肝油、深海鱼油等。

六、其他水产加工品

其他水产加工品指除上述加工产品之外的加工品统称，如助剂和添加剂（蛋白胨、褐藻胶、碘、甘露醇、卡拉胶、琼胶等）、珍珠加工品、贝壳工艺品、鱼酒、鱼奶等。

第十章　渔民家庭当年收支情况调查

第 33 条　家庭常住人口数

家庭常住人口数指全年经常在家或在家居住 6 个月以上，而且经济和生活与本户连成一体的人口数。外出从业人员在外居住时间虽然在 6 个月以上，但收入主要带回家中，经济与本户连为一体，仍视为家庭常住人口；在家居住，生活和本户连成一体的国家职工、退休人员也为家庭常住人口。但是现役军人、中专及以上（走读生除外）的在校学生，以及常年在外（不包括探亲、看病等）且已有稳定的职业与居住场所的外出从业人员，不应当作家庭常住人口。

第 34 条　家庭渔业从业人员人数

家庭渔业从业人员人数指家庭常住人口中从事渔业生产、销售、运输等活动累计 6 个月以上的人数。

第 35 条　全年总收入

全年总收入指调查期内被调查对象从各种来源渠道得到的收入总和。按收入的性质划分为家庭经营收入、工资性收入、财产净收入、转移性收入和政府生产补贴（惠农收入）。

第 36 条　家庭经营收入

家庭经营收入指以家庭为单位进行生产经营和管理而获得的收入，包括渔业（水产品及鱼苗）收入、其他家庭经营收入。

渔业收入：水产品及鱼苗用于市场交易的现金收入或自产自食的实物收入。市场交易的现金收入等于交易的水产品及鱼苗或与水产品有关的劳务活动量乘以市场价格，只要交易发生，包括现款和应收款都要计算为收入；自产自食的实物收入，按自食水产品数量乘以相应水产品成本价格计算。如某个水产品的市场平均价格为 10 元/千克，用于计算该水产品市场交易的现金收入；成本价格为 6 元/千克，用于计算自产自食的该水产品实物收入。

经营其他行业收入：渔民家庭自主经营的除渔业外的其他行业，如种植业、畜牧业、林业等第一产业，或从事第二、三产业所取得的经营收入。第一产业的收入包括现金和实物两个部分，计算方法与渔业收入类似；第二、三产业只计算现金部分。

第 37 条　工资性收入

工资性收入指渔民家庭中从业人员通过各种途径得到的全部劳动报酬和各种福利，包括在渔业生产劳动中获得的工资和在其他行业劳动中获得的工资。

工资的形式包含计时计件劳动报酬、奖金、津贴，以及单位代个人缴纳的养老保险、医疗保险、失业保险，房租费、水电费、托儿费、医疗费等，单位定期或不定期发放过节费、调动工作的安家费、相当于现金的通用购物卡、免费或低价提供的实物产品和服务折价、工作餐补贴折价，零星或兼职劳动中得到现金、实物补贴折价等，还包括股份制企业派发或奖励给员工的股票和期权。

工资按照收付实现制计算，只要是在调查期内实际得到的工资，无论该工资是补发还是预发，都应归为本期得到的工资收入。本调查期内应得但因拖欠等原因未得到的工资不应计入。

工资不包括因员工或员工家属大病、意外伤害、意外死亡等原因支付给员工或其遗属的抚恤金和困难补助金，应该将其列入转移性收入中的社会救济和补助收入。

第 38 条　财产净收入

财产净收入指渔民家庭住户或成员将其所拥有的金融资产和自然资源交由其他机构单位、住户或个人支配而获得的回报并扣除相关的费用之后得到的净收入。财产净收入包括利息净收入、红利收入、储蓄性保险净收益和转让承包土地或水面经营权租金净收入等。

利息净收入指利息收入扣除该住户或个人付给债权方的生活性借贷款利息支出后得到的净值。利息收入指按照双方事先约定的金融契约条件，借出金融资产（存款、债券、贷款和其他应收账款）的住户或个人从债务方得到的本金之外的附加额。利息收入是应得收入，包括各类定期和活期存款利息、债券利息、个人借款利息等，银行代扣的利息所得税也包括在内。

红利收入指住户或个人作为股东将其资金交由公司支配或处置而有权获得的收益。包括股票发行公司按入股数量定期分配的股息、年终分红以及从集体财产入股或其他投资分配得到的股息和红利。股票买卖结算后获得的收益（含亏损）不包含在内。

储蓄性保险净收益指住户或个人参加储蓄性保险，扣除缴纳的保险本金及相关费用后，所获得的保险净收益，不包括保险责任人对保险人给予的保险理赔收入。

转让承包土地或水面经营权租金净收入指住户将拥有经营权或使用权的土地转让给其他机构单位或个人获得的补偿性收入扣除相关成本支出后得到的净收入，也包括从其他机构单位或个人获得的实物形式的收入。

其他财产净收入指住户所得的除上述以外的其他财产性收入扣除相关的维护成本之后得到的净收入。如通过在国外购买的土地、矿产等自然资源获得的财产净收入等。

财产净收入不包括将非金融资产（如住房、生产经营用房、机械设备、专利、专有技术、商标商誉等）交由其他机构单位、住户或个人支配而获得的回报，应该计入"经营净收入"。财产净收入也不包括转让资产所有权的溢价所得，这些是"非收入所得"，不包含在本调查中。

第 39 条　转移性收入

转移性收入指国家、单位、社会团体对住户的各种经常性转移支付和住户之间的经常性收入转移。它包括政府、非行政事业单位、社会团体对居民转移的养老金或退休金、社会救济和补助、惠农补贴、政策性生活补贴、救灾款、经常性捐赠和赔偿以及报销医疗费等；住户之间的赡养收入、经常性捐赠和赔偿，以及农村地区（村委会）在外（含国外）工作的本住户非常住成员寄回带回的收入等。

转移性收入不包括住户之间的实物馈赠。

养老金或离退休金指根据国家有关文件规定或合同约定，在劳动者年老或丧失劳动能力后，根据他们对社会、单位所作的贡献和所具备的享受养老保险资格或退休条件，按月以货币形式或实物产品及服务给予的待遇，主要用于保障因年老或疾病丧失劳动能力的劳动者的基本生活需要。包括离退休人员的养老金或离退休金、生活补贴,农民享有的新型农村养老保险金,城镇居民享有的社会养老保险金,国家或地方政府给予城镇无保障老人的养老金,因工致伤离退休人员的护理费,退休人员异地安家补助费、取暖补贴、医疗费、旅游补贴、书报费、困难补助以及在原工作单位所得的各种其他收入,相当于现金的购物卡券也包含在内。也包括发给的实物和购买指定物品的票证、购物卡券,应同时计入相应的实物产品和服务项目中。

社会救济和补助指国家、机关企事业单位、社会团体和个人对各类特殊家庭、人员提供的特别津贴。包括国家对享受城镇居民最低生活保障待遇的家庭发放的最低生活保障金、对农村五保户发放的五保救助金、国家和社会及机构单位对特殊困难家庭给予的困难补助、扶贫款、救灾款、国家或机构单位向由于失去工作能力或意外死亡等原因而失去工作的职工或其遗属定期发放的抚恤金等。也包括发给的实物和购买指定物品的票证、购物卡券,应同时计入相应的实物产品和服务项目中。

惠农补贴指政府为扶持农业、林业、牧业、渔业和农林牧渔服务业,以现金或实物形式发放的各种生产补贴。现金形式发放的补贴包括粮食直补、购置和更新大型农机具补贴、良种补贴、购买生产资料综合补贴、退耕还林还草补贴、畜牧业补贴等生产性补贴。实物形式发放的补贴指政府低价或免费提供的相关产品和服务,如免费或低价提供的种子、农机具服务等。包括经营渔业的生产性补贴和经营其他产业的生产性补贴。在鱼塘改造中,如果是以渔民家庭为主进行投入建设,得到了政府补贴,计入渔民得到的惠农补贴;如果是政府直接奖励或投入改造建设,则按相关市场价格计入生产性固定资产。

政策性生活补贴指根据国家的有关规定,中央财政、各级地方财政给予家庭的相关政策性生活补贴。包括家电下乡和以旧换新等家电补贴、能源补贴、给农村寄宿制中小学生的生活补贴等;也包括其他低价或免费提供的实物产品和服务,如廉租房等。

报销医疗费指参加新型农村合作医疗、城镇职工基本医疗保险、(城镇)居民基本医疗保险、城乡居民大病保险的居民在购买药品、进行门诊治疗或住院治疗之后,从社保基金或单位报销的医疗费。报销医疗费属于一种实物收入。报销医疗费包括使用社保卡进行医疗服务付费时直接扣减的、由社保基金支付的部分。从商业医疗保险获得报销的医疗费不包括在内。

外出从业人员寄回带回收入指在外(含国外)工作的本住户非常住成员寄回、带回的收入。无论是以现金、汇款、转账、银行卡共享等任何形式寄回、带回的收入,都应计入。

赡养收入指亲友因赡养和抚养义务经常性给予住户及其成员的现金和实物收入。

其他经常转移收入指住户从除上述各项转移性收入以外得到的其他经常性转移收入。如经常性捐赠收入、经常性赔偿收入、失业保险金、亲友搭伙费等。

经常性捐赠收入指住户从他人、组织、社会团体处得到的经常性捐献或赠送收入。这种捐赠收入带有义务性和经常性,不包括遗产及一次性馈赠收入、婚丧嫁娶礼金所得、压岁钱等。捐赠收入与赡养收入的区别:赠送是对本住户的成员无赡养义务的其他住户或个人给本住户及其成员的现金。本住户成员内部间的捐赠收入和捐赠支出均不必记账。

经常性赔偿收入指住户及其成员因受到财产损失、人身伤害、精神损失得到的国家、单位、个人定期支付的经常性赔偿,不包括一次性赔偿所得。

第 40 条　全年总支出

全年总支出指渔民家庭全年用于生产、生活和再分配的全部支出。包括:家庭经营费用支出、生产性固定资产折旧、税费支出、生活消费支出、转移性支出。

第 41 条　家庭经营费用支出

家庭经营费用支出指以家庭为单位从事生产经营活动而消费的商品和服务、自产自用产品。包括经营渔业费用支出和经营其他行业费用支出。

经营渔业费用支出包括燃料、水电及加冰费用、雇工费用、饲料费用、购买种苗费用，以及加工费用、修理费、承包或租用费等其他生产支出。其中燃料、水电费指用于生产的，不包括用于生活的支出；修理或改造费用等，指额度在1 000元以下的日常渔需物质支出，在此价值量之上的如渔具的大修理、鱼塘清淤、改造等较大规模投入，则按量按价计入固定资产。

经营其他行业费用支出指从事除渔业经营外的其他行业，如种植业、畜牧业、林业等第一产业，或从事第二、三产业经营的支出。其计算方法参考经营渔业支出。

第 42 条　生产性固定资产原价及折旧

生产性固定资产指使用年限在 2 年及以上、单位价值在1 000元以上的房屋建筑物、机器设备、器具工具、役畜、产品畜等资产，其中渔业生产性固定资产包括生产用车船、精养鱼池、大型网具、防逃设施、涵闸、泵站等。

生产性固定资产原价指固定资产当初的购进价、新建价或开始转为固定资产的价值。自繁自养的幼畜成龄转作役畜、产品畜、种畜，按市场同类牲畜的平均价格计价。国家奖励和外单位赠送的固定资产按购置同类固定资产的价格参照其新旧程度酌情计价。

渔民家庭的生产性固定资产折旧按农业生产性固定资产折旧方法处理，即 15 年的使用期限。

第 43 条　税费支出

税费支出指渔民家庭以现金和实物形式缴纳的从事生产经营活动的各种税赋支出，以及承包费、一事一议款、以资代劳款、乡村提留、集资摊派等费用，包括经营渔业税费支出和经营其他产业税费支出。对于无法区分家庭产业经营活动的税费支出，按一定比例分摊。

第 44 条　转移性支出

转移性支出指渔民家庭或成员对国家、单位、住户或个人的经常性或义务性转移支付，包括缴纳的税款、各项社会保障支出、赡养支出、经常性捐赠和赔偿支出以及其他经常转移支出等。

个人所得税指家庭或成员被扣缴的工资薪金所得、对企事业单位的承包经营承租经营所得、个体工商户的生产经营所得、劳务报酬所得、稿酬所得、特许权使用费所得、利息股息红利所得、财产租赁所得、财产转让所得、偶然所得、经国务院财政部门确定征税的其他所得等个人所得的税款。生产税、消费税不在其内。

社会保障支出指家庭成员参加国家法律、法规规定的社会保障项目中由单位和个人共同缴纳的保障支出。包括养老保险、医疗保险、失业保险、工伤保险、生育保险以及其他社会保障支出。

赡养支出指家庭成员因赡养和抚养义务而付给亲友的经常性现金和定期的实物支出。现金赡养支出应按实际发生的金额计算，不论是从报告期收入中开支的，还是从银行存款、手存现金以及其他所得中开支的，均应包含在内。

其他经常转移支出指家庭或成员除缴纳的税款、社会保障支出、赡养支出以外的其他经常性转移支出,如经常性捐赠支出、经常性赔偿支出、各种罚款(如交通罚款);政府部门向居民提供服务收取的服务费,如迁户口的办理费、办理身份证费,缴纳工会费、党费、团费以及学会团体组织费等。

经常性捐赠支出指家庭或成员赠予他人的经常性和带有义务性的现金支出,包括向寺庙的经常性捐款、定期资助贫困学生或贫困地区的款项、个人对公共设施建设的各类捐款,如解困基金、水利基金、防洪基金等,但不包括以商品或服务方式给予他人的价值额。婚丧嫁娶礼金支出及一次性馈赠支出如压岁钱、探望病人给予的礼金等不含在内。经常性捐赠支出应按实际发生的金额计算,不论是从报告期收入中开支的,还是从银行存款、手存现金以及其他所得中开支的,均应包括在内。

经常性赔偿支出指家庭或成员向因受到财产损失、人身伤害、精神损失的国家、单位、个人定期支付的赔偿支出,不包括一次性赔偿支出。

第 45 条 生活消费支出

生活消费支出指渔民家庭用于满足家庭日常生活消费需要的全部支出,包括伙食支出、烟酒支出、衣着支出、居住支出、生活用品支出、交通通信支出、教育文化娱乐支出、医疗保健支出、其他用品及服务支出。

伙食支出指渔民家庭住户购买粮、油、菜、肉、禽、蛋、奶、水产品、糖、饮料、干鲜瓜果等食品的支出,也包括在外饮食、餐馆外卖食品和其他饮食服务的支出,但不包括用于宠物食品的支出。

烟酒支出指渔民家庭住户用于烟草和酒类的支出。烟草包括卷烟、烟丝、烟叶。涵盖住户购买的所有烟草,包括在餐馆、酒吧等购买的烟草。不包括烟具。酒指用高粱、大麦、米、葡萄或其他水果发酵制成的含酒精饮料。主要有白酒、黄酒、葡萄酒、啤酒,包括低度酒精饮料或不含酒精的啤酒等。此处指买来在家喝的酒类,不包括在餐馆、旅馆、酒吧等消费的酒(在外饮食)。

衣着支出指渔民家庭住户用于穿着的支出,包括购买服装、服装材料、鞋类、其他衣类及配件,以及衣着相关加工服务的支出。

居住支出指渔民家庭住户用于居住的支出,包括房租、水、电、燃料、住房装潢、物业管理等方面的支出。

生活用品支出指渔民家庭住户购买家具和家用电器、日用杂品的支出。

家具和家用电器包括家具、家具材料、室内装饰品、家庭使用的各类大型器具和电器,小家电等,如冰箱、冷饮机、空调、洗衣机、吸尘器、干衣机、微波炉、洗碗机、消毒碗柜、炊具、炉灶、热水器、取暖器、保险柜、缝纫机、榨汁机、烤面包炉、酸奶机、熨斗、电水壶、电扇、电热毯等。

日用杂品包括床上用品、窗帘门帘和其他家用纺织品,以及洗涤及卫生用品、厨具、餐具、茶具、家用手工工具、其他日用品、护肤品、美容美发用品等。

交通通信支出指渔民家庭户在交通工具、交通费、通信器材、通信服务方面的支出。

交通工具包括家用汽车、摩托车、自行车及其他家庭交通工具。不包括经营用交通工具。

交通费包括乘坐各种交通工具(如飞机、火车、汽车、轮船等)所支付的交通费以及用于车辆使用的燃料费、停车费、维修费、车辆保险等。不包括因公出差暂由个人垫付的交通费。

通信工具包括固定电话机、移动电话机、寻呼机、传真机等。

通信服务费包括电话费、电话初装费、入网费、电信费、邮费等。

教育文化娱乐支出指渔民家庭户用于住户成员的教育活动、文化娱乐活动的支出。

教育包括职业技术培训费、学杂费、赞助费、一揽子教育服务费、教育用品支出等。文化娱乐包括用于文娱耐用消费品、其他文娱用品和文化娱乐服务。

文娱耐用消费品包括各种音像、摄影和信息处理设备，如彩色电视机、照相机、摄像机、组合音响、家用计算机，也包括中高档乐器、健身器材等，还包括文娱耐用消费品的零配件和维修。

其他文娱用品包括除教材及参考书以外的各种书报杂志及音像制品、文具纸张、体育户外用品、玩具、用于花鸟虫鱼等业余爱好的相关用品、宠物及宠物用品等其他文娱用品，也包括以上文娱用品的维修支出。

文化娱乐服务指和文化娱乐活动有关的各种服务费用。包括团体旅游、景点门票、体育健身活动、电影、话剧、演出票、有线电视费以及其他文化娱乐服务支出。

医疗保健支出指渔民家庭户购买医疗器具和药品，支付门诊和住院费方面的支出。

医疗器具和药品包括药品、滋补保健品、医疗卫生器具及用品和保健器具。

门诊和住院费指门诊和住院的医疗总费用，包括从各种医疗保险或其他医疗救助计划中获得的医药费和医疗费的报销款额；挂号费、诊疗费、注射费、手术费、透视费、镶牙费、出诊费、送药费、陪侍费、住院费、救护车费等；提供给门诊病人的药物、医疗器械和设备及其他保健产品。报销医疗费应按收付实现制记录，即仅当医疗费报销到手时才计入。

其他用品及服务指渔民家庭户在其他用品及服务方面的支出。

其他个人用品包括首饰、手表和其他杂项用品。

其他服务包括旅馆住宿费、美容美发洗浴、其他杂项服务。无法归入七大类服务支出的其他各项服务支出，如迷信、丧葬费、诉讼费、公证费、房地产中介服务费等也包含在内。

第 46 条　全年纯收入和渔业纯收入

全年纯收入指渔民家庭当年从各种来源得到的总收入相应地扣除所发生的费用后的收入总和。全年纯收入主要用于再生产投入和当年生活消费支出，也可用于储蓄和各种非义务性支出。渔民人均纯收入是按人口平均的纯收入水平，反映的是一个地区或一个渔民家庭的居民平均收入水平。计算方法：

全年纯收入 = 全年总收入 - 家庭经营费用支出 - 生产性固定资产折旧 - 税费支出

渔业纯收入 = 出售水产品收入 + 从事渔业所获得的工资性收入 - 经营渔业支出 - 渔业固定资产折旧 - 渔业税费支出

第 47 条　可支配收入

可支配收入指渔民家庭户可用于最终消费支出和储蓄的总和，即可以用来自由支配的收入。可支配收入既包括现金，又包括实物收入。本调查按照收入的来源，可支配收入包含四项，分别为：工资性收入、经营净收入、财产净收入、转移净收入。计算公式为：

可支配收入 = 工资性收入 + 经营净收入 + 财产净收入 + 转移净收入

其中：

经营净收入 = 经营收入 - 经营费用 - 生产性固定资产折旧 - 税费支出

转移净收入 = 转移性收入 - 转移性支出

第 48 条　渔民家庭收支调查台账首页及问卷

渔民家庭收支调查台账首页是用于采集渔民家庭收支情况基础数据的方法。在调查户中建立台账首页，按一定时间将发生收支情况通过问卷访问进行记录，由县级渔业统计人员按时间要求，直接通过村干部或村农业技术员收集或调查。本台账首页及问卷为参考表样，各地可根据实际情况自行设计，方便渔民理解。在台账首页中需要一次性填写的内容包括样本户地址及代码、居住房屋面积和估价、拥有大型网具价值、养殖面积、机动渔船数量、功率和吨位等。

样本户地址及代码指渔民家庭收支调查样本户的居住地址，按省、地、县、乡、村的行政地址填写，代码是国家统计局公布的标准代码（12 位）。村内的样本户按自然顺序编码。样本户所在的行政区划名称发生改变，但尚未获得国家标准名称和代码的，原地址和代码不变，可在备注中说明。

居住房屋面积和估价

居住房屋面积指住宅用于生活居住的建筑面积，应扣除住宅中非生活居住（出租、生产或商用）的建筑面积。

建筑面积以房屋产权证或租赁证为准，也可按使用面积乘以 1.333 计算得出。如果没有相应证明，则由调查员根据本住宅或类似住宅判断填写。建筑面积应填写整数，不为整数时应四舍五入。

居住房屋的估价指居住房屋建筑本身的市场估值，仅包含建筑物本身的价值，不包含宅基地的价值。市场估值主要由调查员辅助住户进行填报。按农村地区的住宅市场估值方法进行估价，调查员预先了解本地区目前平均的房屋建造成本，并将这些信息提供给调查户。针对某个具体住宅，首先估计目前如果要建造同类住房所需要的成本，然后按照 30 年折旧的期限，根据住宅的建筑年份对剩余的价值进行折算。例如，农村的一栋两层小楼，于 1997 年建成，已经使用了 15 年。目前建造同类住房的成本约为 20 万，则按照 30 年的折旧期限，目前该住宅的价值为 10 万元。如果住宅的使用年限已经超过 30 年，则根据住宅目前的实际情况酌情进行估价。对于竹草土坯房，原则上住宅的市场估值不超过5 000元。

图书在版编目（CIP）数据

中国渔业统计年鉴．2016/农业部渔业渔政管理局编制．—北京：中国农业出版社，2016.5
ISBN 978-7-109-21691-4

Ⅰ．①中…　Ⅱ．①农…　Ⅲ．①渔业经济－统计资料－中国－2016－年鉴　Ⅳ．①F326.4-66

中国版本图书馆 CIP 数据核字（2016）第 106503 号

中国农业出版社出版
（北京市朝阳区麦子店街 18 号楼）
（邮政编码 100125）
责任编辑　陈　瑨

中国农业出版社印刷厂印刷　　新华书店北京发行所发行
2016 年 6 月第 1 版　　2016 年 6 月北京第 1 次印刷

开本：787mm×1092mm　1/16　　印张：11
字数：300 千字
定价：150.00 元
（凡本版图书出现印刷、装订错误，请向出版社发行部调换）